就是為了
跟你相遇

我的大愛光靈性開啟道路

 首 部 曲

大愛祝福心念

我們一同用尊敬 感謝 信心
發出祝福的心念
祝福我們生命中的每一個人
身體健康 心性光明 大愛圓滿
再把這個祝福的心念擴大出去
祝福全世界的每一個人
全宇宙的每一個生命
願我們凝聚的大愛
幫助這個可愛的世界 越來越美好
讓我們一整體的沐浴在 大愛懷抱中

謹以《就是為了跟你相遇》一書

贈予 _____

感謝與祝福：

Sign _____

Date _____

序言

這本文集是我 2011 年接觸和氣大愛前後，陸續在個人部落格上寫下的文字分享，有些也刊登到和氣大愛電子報或學員班訊息。如今選輯了其中 100 篇短文，集結出版成這一本文集《就是為了跟你相遇》。

這樣的安排，是對大愛光老師傳的法進行「百日築基」，百篇短文就如同另類的「百篇足跡」，是我用寫分享來跟生命交流的一份願心——直到現在，我還是不斷地寫著分享。

這百篇短文中，有我生命走過的足跡，也是我生命故事的某一段歷程。這過程包括：來到和氣大愛前、進十週傳光人班會、受傳中線、受傳大愛手、參和氣照顧基礎班、進週二學員班會、受傳和氣、與師相認、參大愛光入門班、晨煉21、參一心向內班等階段。

記錄著政學一路上的學習與體悟，還有如何在生活裡用法過關的過程；有著自己掙扎過後的覺察，看見之後的覺知，以及了悟之後的覺醒。

當我重新整理文集，重新閱讀這些文字時，我又再一次打開自己，看著自己一路走來的發現，我知道了：我使用文字寫下這些學習與感受，也就是回報所有生命護持的大恩。

感謝有你，願意跟我一起分享生命的禮物，陪我一起經歷生命的恩典。如果你願意的話，讓我們的生命可以相互共振，可以攜手抽高生命的高度，共同轉動這個地球的能量與軌道，讓我們生存的環境可以永續發展下去。

你可以把這本文集當成是一種陪伴，在你無助與徬徨時，可以打開這本文集，讓政學的文字陪你一起度過難關，你一定可以在文字裡，找到某種支持與振作的力量。

你更可以將這本文集，當成禮物，送給你想感謝與祝福的家人及朋友，相信他們一定可以收到這份帶著光祝福的禮物。

感謝成全這本書到來的一切，尤其是大愛光老師的教誨，傳導師的帶領，不辭辛勞地為這本文集加註說明，還有校園光團傳導師、光團導師的護持，以及新竹慈場所有師兄姊，平日對我的寬容與陪伴。

如果你問我：政學！為什麼要集結自己的分享文章出版？為什麼要花這些金錢與心力去做這一件事？我會說：這是我的愿，我的愿小小的，也很簡單，就是把我得到的一切好，讓別人也可以得到。而文字的分享、文集的出版是我目前在使用的一個途徑，所以才會發心去做出版文集這件事。

最重要的，我也希望大愛光之法可以透過文集出版，經由出版市場的行銷通路走出去，讓更多讀者有機會認識和氣大愛，接觸到大愛光，讓這些帶著光的文字，可以飛到更多生命的身邊。

感謝此刻閱讀這些文字的你，感謝你的到來，你的支持，你的鼓勵。大愛光祝福你！

目 錄

和氣大愛創辦人簡介

周瑞宏老師，旅美中醫博士，祖籍四川，出生於台北市，稟受中華古文化薰陶，從小即胸懷民胞物與的大時代使命感。

二十三歲一場幾乎癱瘓的車禍，十七天後幸運地再站了起來。外祖母慈悲點化，了悟慈悲濟世、啓發靈性之天命，接上宇宙生命光源；秉持著「得到我所得的、能做我所能的」心愿，把上天垂愛慈賜的康復、覺醒力量，複製傳給每一個人，得到大愛光新生命。

創辦和氣大愛學府，近三十年來，使許許多多重症患者重享健康，憂鬱絕望者快速走出黑暗，教師重拾春風化雨教學熱情，青年學子能感恩父母親、奮發上進。

一個個重生者成了一位位能正己成人的傳光人，在校園、社區、醫院、監獄、安養院、育幼院、宗教團體、職場、社團設立大愛手服務點。

以「陽光雨露空氣，人人能學、人人可用」的公器理念，在海內外開辦公益傳光人班，普傳大愛手、立如松，造就傳光人在各自生命領域中傳光，走上靈性成長的道路，圓滿身心靈、人事境，使整個地球進化成充滿靈性之光、靈性之愛、靈性之美的新世界。

和氣大愛創辦人的話

我是一個凡人，因為外祖母──我的靈性導師 老人家的點化引領，接上了生命本源之光，了悟生命本源就是光和愛，每個生命本有無限光、無限愛、無限祝福在其中。這是一個充滿靈性之光、靈性之愛、靈性之美的大愛光慈場，讓我的靈性得到開啓，生命的通路得以打開，其中一個很主要的通路就是複製。

感謝上天慈悲，我現在可以複製大愛光之法給每一個人，讓人人可以接上大愛光慈場，人人靈性得開啓，得到我所得的，能做我所能的，人人成為護持地球進化的傳光人。

和氣大愛的使命──是啓發內在至善本質，圓滿生命，進化地球的成長學府。

和氣大愛的宗旨──是關懷社會、關懷內在。

和氣大愛──是以「學習、善待、成全、圓滿」為核心價值。

和氣大愛──是無宗教、無政治屬性的公益組織。

和氣大愛──是啓發身心靈光明本質，開啓靈性的光慈場。

和氣大愛──是讓每個人都能夠重新找到自己內在純淨美的道路。

和氣大愛──是人人可學、隨時可用的方法。

我與和氣大愛

楊政學，現任明新科技大學企業管理系所副教授、信義文化基金會執行長、中華企業倫理教育協進會秘書長。

畢業於國立台灣大學農業經濟學博士，曾任明新科技大學企業管理系主任及所長、空中大學與逢甲大學兼任副教授、職訓局全民共通核心職能課程講師等職務。

近年常受邀講授企業倫理、生命教育、管理、領導與人際溝通等課程，同時也透過自己部落格的分享，來跟不同角落的有緣生命互動與交流。

出版的作品有《企業倫理》、《領導理論與實務：品德教育與倫理教育》、《生命教育：只是成為別人的需要》等經濟、企業管理、企業倫理、領導與知識管理各類專業著作，以及生命教育與心靈成長領域著作，共計二十餘本。

2011 年遇見和氣大愛：
同年 4 月 7 日接到第二期傳光人班會訊息就來參班；6 月 21 日傳光人班會後，立即進入學員班；10 月 25 日：與師相認，開啓修煉行愿的大愛光道路。

靈性開啟的觸動

百篇足跡 1

第一類接觸
來到和氣大愛前

> 第一類接觸(2011.3.24)。

> 本書接下來的文章中,除了對父母與師長等用「您」敬稱外,大都採用
> 「你」來表達,是希望將老靈魂與讀者視為同心攜手的伙伴,期許彼此
> 的生命可以更為貼近,一起行走大愛光道路。

~5~

重新站起來

楔子：第一類接觸

前陣子參加了福智文教基金會舉辦「全國教師生命成長營」的五天研習，其間認識了不少有心教育工作的老師，回來後也陸續成立讀書會共讀分享。組員裡有位老師，也就是鄧錫津師姊，覺得我適合接觸光，邀請我到新竹慈場去學習大愛手，接上光源療癒自己與別人的身心靈。

昨晚是學習大愛手前的體驗與簡短面談。
到了慈場親身感受這個光的能量，身體的感受很多。我希望自己這雙手，可以做更多的事情；有能力療癒自己，並且撫慰更多生命。

四月初開始上課，連續十週的課程之後，就可以到學校、監獄、孤兒院、老人安養等機構，服務這些最缺乏關愛的場域與對象。

你的手　可以是大愛手

在昨晚由新竹慈場結緣回來的冊子裡，有一段文字特別觸動我，在此跟大夥分享：你的手會做很多事，但是你或許從來不知道，經由這雙手可以傳送大愛光，宇宙間這一份療癒生命的慈悲力量。

大愛手賦予我們的內在，一個能夠和別的生命完全相通的指令，成為可以用靈性之光和每一個生命相通的型態。

想　已故的母親

昨晚在體驗大愛手時，我的心是溫暖與感動的，好想大哭！像是我已故母親用著她老人家的手，穿過身體撫慰著自己孩子的靈魂，一個曾經身心具疲與受傷的靈體。

沒有一個生命不想重新站起來，但是這個生命需要一個力量，一個關心與支持的慈悲力量。

智慧還不是　慈悲才是

記得在我之前的札記裡寫道：智慧最終還不是啊！我們即便學了再多的道理與方法，還是會跨不過去，智慧還是會有侷限，只有慈悲才是真的啊！

唯有不斷增長我們身上的慈悲心，我們才能跨過來，圓滿這個生命。在這個世界上，慈悲的力量最大，這是一份願意助人、無私付出的願力。

自己做得還是太少，還在學習當中，希望自己的這雙手，可以做更多的事，傳送大愛光的慈悲。

晚點出門搭車到台北，準備下午企業倫理教育活動的場地。出門前上部落格用文字跟你分享！祝福你，一切平安都好！

➤　福智「全國教師生命成長營」五天研習為 2011 年 1 月 22 日至 26 日。
➤　2011 年 3 月 24 日是我第一次來到新竹慈場跟和氣大愛結緣。
➤　2011 年 3 月 25 日下午在台北辦理「台灣企業倫理教育的現況與未來」的 World Café 活動，由中華企業倫理教育協進會主辦。
➤　筆落 2011 年 3 月 25 日 08:06:52。

一切都是自己

楔子：兩句偈頌

在藏傳佛教的偈頌中，有兩句偈頌特別觸動我的心，就是：
罪滿情器時，惡緣成覺道。

所謂的「罪滿情器時」，是指當這個世界充斥著因我執而產生的結果時，往往我們執著盼望得到某種結果，而這份期盼就會產生很大的痛苦。

所謂的「惡緣成覺道」，是指我們要能將生命中厭惡的因緣，轉換成自我覺醒的素材，要能轉逆境為增上緣。如此這些我執與惡緣，就成了讓我們覺醒開悟的老師。

衆過皆歸一　為自己負責

但是我們究竟要如何轉換呢？
那就要做到另一偈頌中所提到的「眾過皆歸一」。
眾過皆歸一，是一種對生命的全然了解，因為一切都是自己，完全不干別人的事。我們要為自己這一生，負起完全的責任。

不要責備自己　你很正常

生活裡我們難免會抱怨，還是會責怪別人。這時候，請提醒自己放輕鬆，不用急著責備自己的不是。
你其實很正常，這時候，只需要覺察自己在抱怨、在責怪別人時，自己身上的感受是什麼？就好了！

如此，我們的關注點會慢慢放回到自己身上；我們的生命品質開始轉換、慢慢不同了；我們的生命會變得更篤定、堅強與老實。同時，我們的心也會變得更柔軟與慈悲。

一個下午，心情有點挫折的同事與碩專生，陸續來到研究室找我談話。我只是聆聽與覺察，看到一個又一個的生命不斷在尋找與探索，而在他們離開之前，給出我對他們的一份支持與關心。

感恩　我執與惡緣

我感謝一路上，曾經遇見的我執與惡緣。
更感謝生命裡，不同老師帶給我的啟發，讓我可以慢慢學習看見自己。

看見：我的心到底怎麼了？
祝福你！也感恩生命中的我執與惡緣！

➢　筆落 2011 年 3 月 29 日 14:55:02。

弄好自己　才能助人

楔子：暖陽咖啡香

今天是好天氣，陽光把人曬得暖暖的，弄完早餐、送完孩子上學後回到家裡，把衣服丟洗衣機洗著，待會好晾衣服。接著，泡杯咖啡給自己，回到樓上書房寫日記。

跟自己說：辛苦了！

打開電腦收到一封朋友的電子郵件，看著那些分享，淚水不自覺落了下來。這淚水是靈魂的哭泣，沒有太多的悲傷，在這淚水裡，望見自己靈魂一路走來的樣子，一個原本如來的樣子。

把手放在心上，跟自己的靈魂輕聲說：辛苦了！
回信分享一些想法，也感謝朋友的祝福，最後我說：我會弄好自己！孩子也會照顧好，我會盡一切的努力。

昨晚帶著小兒子一起到新竹慈場共修，這是我第二次到新竹慈場體驗大愛手，讓孩子接觸大愛光，沐浴在光的懷抱中。

優越的心　幫不了人

記得年輕時的我，很愛到處上課學東西，以為學了十八般武藝之後，就能幫助人，因為我想要幫助人。
後來我發現自己好天真，看見自己身上還有優越的心。

如果我們帶著一顆自我優越的心來助人，其實是幫不了人

的，因為我們看不到別人的需要。

弄好自己　才能助人

我笑著對自己說：先幫幫自己吧！

如果我們連自己都弄不好，是很難幫助人的；如果我們連自己都不了解，更別空想去幫助人。所以，如果想要幫助人，就得先弄好自己，只有當我們了解自己，也才能幫助人。

你知道嗎？即便我們學會再多的理法，我們還是沒有辦法只是靠理法來助人，我們還要靠心性來助人，助人看見自己。我們學到的所有理法，只是不同的工具，讓我們有更多工具，可以接觸到更多生命。

真正可以幫助人的，是我們身上的慈悲，是我們身上那一份關心人的願力，是我們身上那一份慈悲心的願力。

慈悲助人　同理其苦

所以要一直滋養我們身上的慈悲，而不是只用理法來看待這些生命。理法能增長我們的智慧，但還是會過不去，真正可以幫助人的是慈悲。

用慈悲來助人，看到別人在受苦，我們可以同理那份苦，只因為我們曾經也是那樣苦過來。我們跟這些生命是一樣的，彼此沒有分別，並不是我們自己就比別人有多優越。

要能放下助人時，內心生起的那份優越感，否則我們幫不了人，因為我們跟人還是有距離。最近因為緣分到了，進了大愛光學習，希望自己能有更多的智慧與能力可以助人。

我會一直提醒自己：這些都只是工具！在自己身上真正缺乏，真正要滋養的，是自己身上還沒有具足的慈悲與愿力。

用慈悲心　貼近生命　助人成為

只有用我們的慈悲心，才能真正貼近不同的生命，才能真正幫助到這些生命。

我會記得提醒自己：弄好自己，才能真正幫助到人；了解自己，才能真正了解別人。

當我們有機會助人時，記得要用謙卑的態度來貼近這個生命，放下那些自我的優越，還在緊抓的理法。
祝福你，有美好且感動的一天！

➢　筆落 2011 年 4 月 1 日 09:23:39。

認錯　全然接納自己

楔子：還可以的清晨

清晨五點多，由卓蘭返回新竹，今天早上有四堂總體經濟分析，下午有一場服務學習的研習會，接著晚上還有四堂企業研究方法。目前的精神狀況，還算正常可以，課堂上跟不同班級的學生分享不同主題。

前面班級談到學習認錯的重要性，要能看見自己有錯，要能可以認錯，因為認錯是人生對的開始，是很美的。當我們願意認錯時，才能真正接受自己，我們的生命也才有機會開始成長。

願意認錯是勇氣，修正錯誤更是決心；認錯是因為看到自己還有做不夠的地方；認錯是因為明白自己還可以再修正，還可以再更好。

看到自己有缺失，就要趕快修、趕快改，只要承認自己有錯，一切就變得好辦了，否則生命還是在對抗，還是在想辦法證明自己沒有錯，到頭來只是一次次錯過。

認錯——有修正的空間

我跟同學分享，這就像考試與做事一樣，考完試把寫錯的地方修正，下回就會寫對；做完事把缺失的地方修正，下回就會更好。不要怕有錯、有缺失，要有勇氣修正。不是因為沒有錯，生命才得以完美；生命之所以不同，是因為懂得修正。

認錯，不代表我們等同那個錯本身；認錯，並不會減損我們生命的本質。承認有錯，生命仍然可以是善良美好的；相對地，認錯是對自己生命的全然接納，是對自己這一生的來，有更認真的期許。

認──言要忍

有錯沒有關係，只要願意修正就好；錯只能用「認」的，只能用「修」的。

認，就是言加上忍這個字，意思是連話都要吞忍下去，不要解釋，否則不是在認錯，只是在證明自己沒錯。修，就是告訴我們還沒好，意思是要用行動來實踐，不要講理法，否則不是在修錯，只是在應付別人而已。

感謝在我生命中曾經有過的錯誤，讓我了解如何可以不再錯過因緣，讓我看見真的是自己對不起人家。在這些錯的背後，有多少人陪著我受苦；如果能夠，我願意用全部的可以去修補。

這一生我們的經歷，或許就是用所有的錯，來換得唯一的對。那個唯一的對，到底是什麼？就看每個人的體會了，我沒有標準答案。祝福你，能夠找到那個生命中唯一的對。

➢　筆落 2011 年 3 月 25 日 16:18:11。

百篇足跡 2

進十週傳光人班會
受傳中線。受傳大愛手

➤ 進十週傳光人班會(2011.4.7)。
➤ 受傳中線(2011.4.7)。
➤ 受傳大愛手(2011.4.14)。

過去生　少了一個大願力

楔子：大愛手　首日封

晚上到新竹慈場，今天是大愛手班會開班首日。第一堂課老師要傳授立如松，要接中線，全程一個多小時的站立，是難得的體會。回到小組的共修時間，我分享了心得。主持師姊（後來知道是新竹區傳導師黃秀華師姊）剛好聽到，後來請我上台分享。

中線　立在水面

閉著眼站立一個多小時，試著感覺中線，我發現自己身體的某部位是僵硬的，對照生命所要傳達的訊息後，明白自己怎麼了？關係品質怎麼了？

接著我可以感覺到身體內的液體，可以看到中線立在水面上，很寧靜的畫面。當然水面有時有點小晃動，水面會反射光，感覺身體裡面有白色的光在聚集。

昨晚共修時，可以感覺四周能量的密度高，把整個人往內縮壓，讓中線更加能夠去感受到。

大愛光老師傳的心法是：
中空外直由此路，
通天貫地宇宙心，
本無分別是一體，
天人和合至無息。

後來播放了一個老師製播的祝福短片，站著看完這部短片，我又是感動到落淚了。

少了一道程序——發願

我發現自己的每一個得到，原來都是好多人在成全，所以要懂得感謝。我真的已經得到太多了，所以要發願回報。依稀看見：在過去生裡，就是少了一個大愿力。

我只是努力弄好自己，但沒有好好發大愿，所以生命的頻寬還是太窄，整個人感到好慚愧。生生世世不斷出生又死亡，始終跳脫不了。

你知道嗎？由我口中分享出去的每一句話，當我在說的時候，我的內心都在撼動，似乎想撼動、震毀過去生裡的牢固慣性，這是身體內靈魂的哭喊、靈性的呼喚。

下週大愛光老師會傳大愛手，一雙撫慰生命的手。主持師姊要我們回去先想好三個問題，其實師姊在說的時候，我就已經想好了。

擦地的慈悲

班會結束打掃慈場，師姊教我如何擦地，我發現：連擦地這件事都是大愛光老師的慈悲！透過擦地這動作，我們把身體拉開了，把由上天傳給我們的能量，透過擦地再次把這個能量送回給大地來承接。這是天地的大恩大德，擦地都懷著感恩。

好想郋恩

回家之前，大愛光老師送給每位學員一本書《家族血脈解碼》，談如何血脈報恩，這一直是我很想做的一件事：報父母恩！尤其我母親在世時，我沒有克盡孝道，這一直是我內心的一個缺憾。

面對已故親人，我要如何報恩呢？昨天夜裡我找到答案，找到路了。昨晚感恩地一口氣看完這本書，明白這條路是一條真正報父母恩的路，更是一條報我們整個血脈的路。

上至老古的祖先，下至我們的子孫，都是我們要報的血脈恩情。這是我昨天一整天的發生與感動，跟你分享。

祝福你，擁有美好感動的一天！

➢　2011 年 4 月 7 日是我參加十週傳光人班的開始。
➢　筆落 2011 年 4 月 8 日 09:45:54。

老靈魂　你好嗎

楔子：淚水後的清晨

今天一早起來，就坐在電腦前面，《企業研究方法》教科書要改版交稿，需要加入一些實際操作的案例，足足寫跟打了一天的書稿資料。可能是昨晚受傳了大愛手的關係，今天工作的能量與專注度，更加提高了。

昨晚幾乎是在滿臉淚水與鼻涕中，受傳大愛手，感受大愛光的慈悲。一句：親愛的老靈魂，你好嗎？讓自己再一次感動落淚了，好久沒有跟自己身上的老靈魂，好好問一聲：老靈魂，你好嗎？

心手相連　祝福親友

可以跟自己的老靈魂相遇，內心是喜悅的，更是疼惜的。再次重逢，像遇見老朋友，是喜悅；再次相遇，還在這裡繞圈，是疼惜。

當我一次又一次跟著大愛光老師，發出祝福心念給身邊親人及好友時，畫面是清楚的，心是敞開的。

心就是這雙手，這雙手即是心；現在自己有了一雙大愛手，就可以用這雙手做更多的事情。昨晚把三個心願呈報上天知道，願自己這雙手，可以送出更多光，可以幫助更多需要光滋養的生命。

大愛光老師傳大愛手給同修的時候，慈悲傳授了四句心法，願大愛手慈悲，在此跟你分享：
心回本位，自能了悟；
心念歸正，萬般皆化；
光軸凝聚，自能感應；
光軸通貫，不療自癒。

修到──零距離

還有一句：
心如明鏡，本來光亮。

是啊！心如明鏡，本來光亮，老靈魂走過生生世世，就等待什麼時候身心靈可以合一，從此身體、靈魂與靈性三位一體。這是我們這一生的修，修我們身上跟別人的距離；修我們身上跟自己的距離；修什麼時候，可以真正零距離。

記得常跟自己身上的老靈魂問聲：親愛的老靈魂，你好嗎？我永遠愛你，讓我們永遠在一起。祝福你，有個美好與感動的假期！

➢　2011 年 4 月 14 日是我受傳大愛手的日子。
➢　筆落 2011 年 4 月 15 日 17:10:22。

承諾即承擔

契子：夢醒時分

每天醒來，我們永遠不知道會遇到什麼？遇到，就是了，不用挑選。生活裡的發生，即便再小都可能是禮物，一份祝福的禮物，一份老天的恩德，讓我們的生命，可以因此而更堅強有力。

學生時常會問我：老師！我們要修什麼，這一生才會更好？我常半開玩笑說：就修你每天遇到的啊！把每一天你遇到的，都弄好來，這就是你生命裡面的修與行。

修——就是立刻轉換

我們是一個在這世間修煉的行者，修煉的題材，就是生活裡發生的點滴。

早上出門前，身上的情緒有些起伏，帶著還在躁動的情緒進入教室，馬上就要講課，立刻就要修正，這就是今天早上的第一個禮物。

下了課接到某個基金會的來電，邀請我接下基金會執行長職務，連同另一個協進會秘書長職務，馬上又遇到今早的第二個禮物。內心正在思考著要接還是不接，過兩天再給對方一個明確的答覆。

當自己在學校下了行政工作後，一直退居幕後盡點本分與心力，現在面臨選擇，回頭問著自己：我做這件事背後的動機是什麼？如果這是一件可以助人成長，可以推動整個社會公益的事，那我還需要考慮什麼嗎？

當我們許下一個承諾，願意承擔的時候，個人的能力就不再是問題了，沒有藉口。
此時，真心與願力會帶我們跨過這一切。

嗯！承擔了

不是因為做不到，而不敢給承諾，而是因為不敢承諾，才會做不到。我不知道這個想法，別人認為對或錯；至少對我而言，我自己是如此認為的。

就因為自己承諾了，願意承擔了，時間與能力的問題，自然不會是個問題了。

當我寫下這些文字的同時，好像已經在回答我自己的問題了，該停筆了。下午帶著自己班導的學生，到新竹南寮邊的港南風景區烤肉。祝福你，有一個美好與感動的一天！

➢　筆落 2011 年 4 月 26 日 12:09:54。

配我們　剛剛好

楔子：為什麼

有父母會問我：為什麼我的孩子那麼優秀，卻偏偏遇上那樣不像話的導師？

也有人會問我：為什麼我的朋友那麼善良，卻偏偏嫁了一個不像話的老公？

更有些人會問我：
為什麼我會有這樣的爸爸、媽媽？
為什麼我會有如此的兒子、女兒？
為什麼我會愛上一個不該愛的人？
為什麼我會遇到眼前發生的一切？

配我們　真的剛剛好

我總是跟他們輕聲說：其實這些人配我們，真的剛剛好！

不像話的導師，配你的孩子剛剛好，因為不這樣，你的孩子永遠沒機會看見自己。不像話的老公，配你的朋友剛剛好，因為不這樣，你的朋友永遠不懂得要愛自己。

我們的父母、子女，配我們都剛剛好，因為他們都是因著我們的需要而來的。父母是我們的應身，子女是我們的化身，他們都是相應我們而來的，是來成全我們的。

愛上一個不該愛的人，也是配我們剛剛好，因為不這樣，我們永遠學不會什麼是真愛，學不會如何透過愛一個人，來學會愛自己，也學不會如何經由愛自己，來學習如何去愛人。

我們學習在真愛裡，跟更多的生命相遇；我們學會在關係裡，不斷付出關心與愛。

剛剛好　就是慈悲

眼前遇到的一切，無論是痛苦或是困難，更是配我們剛剛好，這是老天的慈悲。因為不這樣，我們看不到自己的問題，看不到那裡能力不夠？那裡智慧不足？原來在我們生命中遇到的一切，都是來護持我們生命的，是來成就我們的。

如果我們可以如此看待，就可以放下身上的那些為什麼了。我們的生命，從此沒有為什麼了。我們會感謝來到生活裡的每一個發生，我們會感謝來到生命中的每一個生命。我們接受這些發生，祝福每一個生命，這是我們對自己這一生最終的了解。

我們身邊的每一個發生，每一個生命，配我們剛剛好，都是我們自己的需要。當我跟這些朋友談這些想法時，真正接受的人，並不是很多，其實這個現象與因緣，也是配對方剛剛好。因為不這樣，這個生命遇不到他要經歷的。

記得：我們遇到的一切，配我們都剛剛好！
這是今天早上的分享，感謝並祝福你！

➤　筆落 2011 年 5 月 4 日 11:15:46。

母親節快樂

契子：無題

這兩天趕著一篇服務學習研討會論文，剛寫完送出去了，今天是截稿的日子。我老是習慣在最後一天才會完成工作，晚點出門，因為今天也有一場發表會，是有關企業倫理與服務學習的主題。

昨晚在大愛手傳光人班學習時，在所有同修進行和氣照顧的時候，我不懂這些程序，因為我是新進同修，但當傳導師要我們邀請親朋好友時，我邀請了好多親人與好友到場。

有我深愛的人，也有怨恨我的人；有對我好的人，也有對我不好的人，我都希望跟這些生命圓滿彼此關係。同時我也邀請已往生十年的母親，邀請她來新竹慈場接受大愛光祝福。

當她老人家來到慈場中間的那一瞬，我的眼淚馬上流了下來，久久難停，但我清楚這是充滿感謝與祝福的淚水。
自己終於有機會透過大愛光的慈悲，讓母親的靈性可以感受到光的能量，可以接受大愛光的慈悲與祝福。

媽媽！我愛您

透過和氣照顧讓我有機會跟母親相遇，經由自己靈心發出的光來跟母親相應。利用昨晚做和氣照顧的機會，好好跟她說一聲：母親節快樂！媽媽！我愛您！

你知道嗎？就這一句：母親節快樂！媽媽！我愛您！
當下的我，內心有多滿足與感謝嗎？

昨晚母親的樣子，不再是她離開人世時久臥病床的容顏，也不再是她掛在高雄老家的那張遺照。媽媽的臉是微笑的，我的心是感動的，這是一次很美的相遇。

此刻分享著文字，淚水還是不時滑落下來。
感謝全天下的母親，辛苦地付出！祝福全天下的母親，母親節快樂！

➤　　筆落 2011 年 5 月 6 日 09:03:56。

生命的關主

契子：又是鳳凰花開時

連續收到學生謝師宴的邀請卡，是到了鳳凰花開、驪歌響起的時節，又一批孩子要離開大學校園了。在此感謝這群孩子過往的陪伴，衷心祝福這群孩子能活得更好。

下學期自己的課排得有點零散，授課時數不多，但切割成四天，有時一天就來學校上個兩堂課。上午兩堂課後，就結束今天的授課，人在研究室發發呆，隨手弄些講義。

在課堂上系學會幹部來教室裡宣傳，鼓勵學弟妹參與學會活動並擔任幹部，或是擔任活動關主的培訓課程。看到台下幾位學生一直在玩，沒認真聽學會幹部在講話，就跟這幾位學生說：就你們幾個！都去參加關主的培訓。

接著我跟學生分享：什麼是關主？我說：我們這一生要度過好多道關卡，是我們自己的人生關卡，跟別人無關。

關主——卡住我的情　把住我的愛

之所以叫做關卡，是因為當我們過不了關，人就卡住了；而且每一道關卡，都有關主負責把守。

生命中傷害我們最深的人，就是關主，因為我們會卡在他們過去的所做所為——讓我們的生命會因為怨恨，卡住而過不

去。生命中那些我們最愛的人，也是關主，因為會卡在對他們的迷戀偏執裡，我們的生命會因為情愛，卡住放不下。

不論是怨恨，還是情愛，甚至是親情，都是一道又一道的關卡。那些讓我們恨的、愛的、捨不下的人，就是這些關卡裡的關主。

我們要用敬重、感謝與祝福的心，來回應生命中不同關卡裡的這些關主。

分享完後，學生好像有點聽懂了，我看著一位學生，笑著問說：你現在生命裡最大的那一位關主是誰？

他毫不思索地回說：我媽媽！
我笑了！我說：很好！
你終於看到自己過不去的那一道關卡了。

接著我說：要把你媽媽當成是來成就你的恩人，因為不這樣，你一輩子過不了自己的關。當你可以用感恩的眼睛來看待你媽媽，慢慢地你就可以安然度過這一道關卡，你的生命就會不斷往前進，一路安然過關了。

關主——苦了他們　成了我們

記得：那些讓我們過不去的人，就是我們生命裡的關主，他們非常盡責，對我們百般刁難，苦了他們卻成了我們。

下回再遇到我們生命裡的這些關主時，要用感恩的心，來回應這些人的成全。

學生即將畢業，學校裡的關不知度過沒？離開校園之後，人生裡的關又等著他們。祝福你，還有這群即將畢業的學生，可以一路過關，生命不斷自我超越與成長。

➤　筆落 2011 年 5 月 12 日 15:04:26。

循環　生命力的展現

楔子：景氣循環

早上總體經濟分析的課談到景氣循環，談到景氣動向指標與景氣對策信號。一時興起就跟學生分享環境循環的重要。

一開場，我就問學生：在你身上有什麼東西在循環？
學生回說：血液、呼吸。
我說：沒錯！血液與呼吸如果不能循環，人就無法活著，可見循環對人多麼重要。

熊寶貝——戴奧辛的受害者

當人類的科技研發精進之後，生產了許多無法在天地循環的物質，這些物質的積累阻絕了天地的循環，讓我們所在的地球遭到無情的浩劫。

例如，戴奧辛這有毒物質，經由食物鏈的傳送，長期積累在生物體內，人類再吃下肚而受害。北極熊長年生長在北極無污染的地區，結果經由食物鏈的環環作用，卻成了體內含戴奧辛濃度最高的生物。

當人類的管理技術進步之後，我們改變了動物的天性與生長時程，牛不再是吃草長大，而是改吃飼料長大，其中的動物性蛋白質，則是用死掉的動物所製成，當中不乏死掉的牛隻，再製成牛吃的飼料。

牛吃牛　雞吃藥

某種程度上可以說：牛是吃牛長大的！牛的天性因此被人類的管理技術改變了。嚴重的是狂牛病病源體無法藉高溫消滅，因此牛吃飼料的同時，也一併吃下肚裡，人再吃牛肉，也就把問題牛肉吃下肚。

雞的生長期也由過去八個月縮為一個月，這種劇烈的生長速度靠的是藥物的刺激。因此，當人自豪於管理技術進步帶來利潤之時，也把這些有問題的雞肉一併吃下肚裡了。

生續循環　天地動力

地球的一天，由白晝到黑夜，是循環；白晝結束進入黑夜，黑夜結束白晝即到。人的一生，由出生到死亡，也是循環；如果人類不曾死亡，相對也就無法生存。

出生的同時，生命就往此生的死亡前進；死亡的同時，也往下一次的出生前進。可見人類的延續，就靠這生與死的不斷循環。

天地之間，四季的輪替，更是循環。春夏秋冬相互接力，滋養著天地萬物；春夏秋冬彼此共生，襯托著天地大美。

原來這些循環，是一種生命力的展現。沒有了循環，也就沒有了生命力。

文明的惡果——阻絕自然循環

循環是一種天地的自然運轉，更是一種環境自我的調節機制。如果人類文明與科技的進步，最終反而是阻絕了天地的循環，那麼就是我們自取毀滅的開始。

在我們身上也有一個小的循環，可以說：整個天地就在我們的身體裡面。要能讓我們的感受、情緒與心靈，可以生生不息的自然循環，要能讓我們的身體、靈魂與靈性，可以生生世世的輪轉提昇。

讓我們的靈魂住在一個健康的身體裡，靈性可以沐浴在光的能量裡。親愛的伙伴，祝福你有美好的一天！

➢　筆落 2011 年 5 月 18 日 11:08:39。

讓自己每分秒都在

楔子：最後一堂課

昨天下午結束在玄奘大學的職訓局課程，最後一堂課，是學生到課率最高的一次。面對目前大學生的學習態度，想想真是令人擔心。

我不知道這些孩子出社會以後，如果態度還是一樣，要如何面對生活？要如何面對未來的工作職場與人生考驗？只希望這些孩子可以有能力養活自己。

你知道嗎？讓學生有機會改變態度是教學上最難的，要讓學習態度改變，無法只用知識面的教育來教導，需要讓學生可以親身感受、感動與願意。

只用課堂上的專業知識與方法技術，就想改變學生的態度，是一點機會都沒有的。

這是唯一　也是永遠

因此，雖然是在課堂授課，我還是會透過不斷分享的方式，來營造讓學生可以感受且感動的氛圍，這是我跟學生每一堂課的交換。

每一堂課的講演，就用一顆真誠的心，交換學生聽進一句話，看見自己怎麼了——這是我唯一可以改變學生的機會。

所以，我會把握住每一次站在講台的機會，不論台下的學生上課態度用心與否，我知道這是我唯一的機會。我永遠有心，我知道我有機會讓學生找回自己的心。

迷惘的他　開始分享

當我看到一個或幾個學生的眼神，開始從無助迷惘變為篤定明亮，這就是我的感動。因為我知道這個生命開始看見：自己怎麼了。

昨天下午的課堂上就有這樣的學生，他第一次來，根本坐不住，沒多久人就不見了，偶爾進到教室問他話，也不太願意回我話，看他陸續到課幾次，態度開始有些轉變了。

昨天課堂上問他問題，他開口分享了好多想法，這是對我最好的回饋，心裡頭好感謝。

我願意與你交換

當我面對一群沒有學習動機的學生時，我永遠不會讓自己感到挫敗，我會越挫越勇，我會用最真誠的心來跟這群學生交換他的學習機會。在這過程中，其實我也在跟自己交換——換得這一生身為老師的存在價值，換得一個無論如何都不放棄的心。

我感謝這群孩子的成全，讓我學會了不放棄，我不在意這群學生考試能考多高分，我只盼望這群學生的生命有機會不同。如果可以用一堂課或是幾堂課的緣分，讓一個學生感動，進而改變他的態度，我想這是人世間一件最美的相遇。

每當我有機會站上講台時，我都會提醒自己，也跟自己打氣。我明白今天是來跟底下這群學生交換的，無論如何都要用心的交換，永遠不放棄。

咋天課程結尾時，我跟學生說：永遠記得要讓自己每分每秒都在——上課的時候，好好上課；吃飯的時候，好好吃飯；睡覺的時候，好好睡覺。

在每一個當下，好好活在那個當下，這是一種專注而且很美的生命狀態。祝福所有同學，都能好好珍惜當下緣分。

➢　筆落 2011 年 5 月 24 日 10:18:58。

一切會過去　生命總向陽

楔子：meeting

結束昨天上午的兩堂課，接著就是跟碩專生討論論文，因為過幾天研究生要進行論文口試。中午跟班上一位清寒家庭學生談話，因為要幫這個孩子解決他遇到的一些問題。

這孩子一進來談起家裡的狀況，眼淚馬上就止不住，邊說邊哭，我沒多話，只是一直聽他分享。這個學生的家裡真是令人不捨，經濟狀況與居住條件都很不好，望著一個生命在談他經歷的一切，我發現自己的眼眶開始熱起來了。

可以跟你一起哭嗎

這個孩子還安慰我說：老師！我很愛哭，但哭完就好了！我的情緒來得快，但是去得也快，您不用擔心我。

只是不知道為什麼？我在教官或同學面前我都很樂觀，不會談家裡的狀況，教官問我時，我跟他說家裡狀況時，也不會哭，但是一遇到您，我一說就哭不停。您不可以笑我哦！我開玩笑回說：那我可以跟你一起哭嗎？

下午我把簽呈寫好送上去給學校，希望可以解決這孩子住宿的問題；在這孩子身上，我看到一個生命的韌性。

唯一能做的事

昨晚到大愛手學習，課前我的情緒很紛亂，其實這兩週課前，

我的情緒狀態都很不好，心裡是不想去上課的，覺得自己狀態很差。但是我知道我唯一能為自己做的，就是把自己帶到慈場，這是我跟自己的生命之約。

我到慈場上課沒有帶著目的，就只是把自己帶到，不是想去讓自己沒問題的。我明白自己身上情緒積累了一段時間，我一直在看顧我可以看顧到的不同生命，而我自己沒有說話的對象，情緒一直往內壓抑。

我身上的能量還不足以化掉自己的情緒，這是我還要加油的地方，要好好做功課。

倒酒　無淚

昨晚下了課，回家途中買了一瓶紅酒，回到家洗好澡，來到書桌前開了酒喝。這是我的方式，想好好擁抱脆弱的自己，想讓自己好好大哭一場，但淚水始終沒有滑落下來，倒是酒一杯杯往肚裡吞。喝完整瓶就去睡，想說一覺醒來就好了。

今天早上六點多，人就醒了，望著窗外好亮的陽光，我用微笑迎接著。我明白一切會過去，生命總會向著陽光；自己身上的老靈魂，會重新再振作起來。

我的文字記錄著身上感受的一切，也是我自己跟老靈魂的生命之約。感謝老天慈悲，容許我有時可以脆弱，不用每天都活得堅強、表現理性，可以用感性去擁抱生命的脆弱。祝福一切在努力中的生命！

➢　筆落 2011 年 5 月 27 日 08:22:26。

在找的 原來是自己

楔子：到慈場立如松

昨晚到新竹慈場學習大愛手，是十週傳光人班的第九週課程。課前自己的狀態比前兩週好些，提早些時間到慈場，學習站立如松。因為我平常不用功，很少專心站立，只好藉著每週上課的時間好好學習。

昨晚站的感受是整個人右半邊空了，後來傳導師問同修有無提問時，我舉手發問了我的感受，傳導師說：右半邊空掉有幾種情況，要自己對照自己的狀況來解讀，其中一種情況是母系能量缺乏。

我觀照到，我身上非常欠缺母性疼愛的能量，所以我的整個右半邊能量是不足的，長久下去，身體的右半邊會出問題。聽完我跟傳導師點頭說：我明白了！

生命空轉十多年

從小我跟母親聚少離多，加上母親身體不好，時常生病；轉眼老人家過世，也十年了，我的心裡一直渴望母親的疼愛。

後來成家立業，家庭沒經營好，身邊一直沒有人照顧我的生活，女兒、小兒子跟媽媽一起生活，家裡就是我跟大兒子，偶爾小兒子回來，想想在家裡都是男的，完全沒有女生。

在感情上面，也是一路跌跌撞撞，深層期待轉為無奈，無奈再變為失望。相對的成長，是內心抗拒轉為接受，接受再變為感謝。我對母愛的渴求，對情感的期待，讓自己的生命空轉十多年過去了。

立如松站好　立如松接光

身上靈性的能量也一直在耗損中，難怪我在站立如松時，右邊完全空掉，因為我的身上根本就少了母系的能量，也就是說我的生命還在渴望有人疼愛。

傳導師說：這種情況要靠光能量來補足，藉著大愛光能量的慈悲，來把身上的母系能量補足，這無法用向外尋求別人的愛來補欠缺的。

我聽懂了！立如松是我接光的通道，把立如松站好，接光、尋光而向上，光能量進來後自然會補足母系能量，整個生命才有機會回到圓滿的狀態。

是啊！感謝老天的慈悲提醒，我們自己，才是我們一直在找的人；我們自己，才是我們一直等待的人。

看見生命怎麼了

想用真實的文字，一層層剖析著自己；想用真誠的心情，分享著自己的感受。看到我自己的問題，知道生命怎麼了？是一種感動，也是另一個責任的開始。

我有責任先弄好我自己，藉著立如松接光，讓光進來修補清洗，然後再用一個修補好的自己，去影響家人，以及周遭的朋友，以及世界上一切的生命與有情，最終可以來到無相布施的無量境界。

感謝昨晚慈場的相遇，這是一次自己跟生命底層靈魂的相遇，每一次的相遇，都是久別的重逢。

這是今天早上的分享，祝福各位親愛的伙伴一切平安！

➢　筆落 2011 年 6 月 3 日 10:11:45。

圓滿的碎蛋

揳子：感謝

感謝許多學生與好朋友跟我分享，他們看我部落格文字的感動與學習。感謝這些學生與好朋友的分享，每當我想關掉部落格或不想說話時，都會有一股激勵與動力讓自己再向前，我想這是一個老師最大的成就。

前天在校園裡遇到一位工學院的老師，談到自己教學的一些挫折與疑問。這老師總覺得自己智慧不足，無法看見學生需要的是什麼？所以常常主動做了好多事情，把自己弄得好累，但是學生卻不領情。

智慧十德行＝圓滿

我安慰他：教學是需要一些方法，就是所謂的善巧，這需要有智慧才行。

智慧，讓我們看得懂別人的需要；德行，讓我們給得出別人的需要。當我們看不懂別人的需要，代表智慧不足；看懂但給不出別人的需要，代表德行不夠。所以，智慧與德行要同時修煉才會圓滿。

你之所以會覺得疲累受挫，是因為你做的一切，都不是這些學生需要的，不能光是做，還要不斷修正才行，修正我們的對待。

其實一個老師的成就，不在自己身上有多麼厲害，老師的成就在學生身上，要在乎學生的慧命，要在乎有多少學生因為我們的存在而變得不同。

當我們教過的學生，因為這份師生相遇的緣分，而有機會讓他們的生命變得不同，那才是當老師的真正成就。

這是我跟那位老師的分享，他的心慢慢打開了。

結業了　路展開了

昨晚大愛光十週傳光人班圓滿結班了，在我身上又多了立如松與大愛手這兩個法。
藉著立如松療癒自己，接光清理自己；透過大愛手療癒別人，慈悲不同生命。

我會不斷提醒自己：有法就要會用！
我還在入門階段，還要透過實際的修與行，在日常生活裡去修煉行願，好圓滿一切因緣。

這條路會一直往下走，因為這是生命之約，是我自己跟老靈魂的生命之約，也是我在血脈中報恩的好機會。接著我報名了和氣照顧基礎班，希望自己這一生的來，可以有機會盡點力，不枉父母生養我，給我這肉身修行的大恩情。

一盤烏龍麵　圓滿的碎蛋

早上叫大兒子起床好幾次，都沒有真的起來，我看他到補習班又遲到了。心想人有起來就好，我完全沒有脾氣，弄了一

盤炒烏龍麵，外加一個碎裂且難看的荷包蛋早餐，這是我目前能做的，而且是做得很歡喜的一件事。

晚上回卓蘭蔓園家裡，過兩天回高雄看父親，再到台南演講分享教學的心得，帶著自己再度啟程。

如果你是跟我有緣的朋友，在這個部落格上，印象最深的一句話是什麼？如果你是我教過的學生，在部落格或課堂上，印象最深的一句話為何？

如果你願意的話，請你跟我分享，你印象最深刻的一句話是什麼？

期待你的分享，讓我們的生命可以在這平台上彼此感動與鼓勵，讓我們一同祝福，我們生活的世界越來越美好。

➤　十週傳光人班圓滿於 2011 年 6 月 9 日結班。
➤　筆落 2011 年 6 月 10 日 09:29:54。

狀態

◎第一部：老師　學生

這幾天或開車或搭高鐵跑了一趟南部，以中華企業倫理教育協進會秘書長身分，到崑山科大演講企業倫理的推動與教學。

兩個小時的演講裡，由我先進行教學分享，然後由現場老師進行提問我來答覆與討論。

專注聆聽許多老師提出的教學困境與心得，記得在回覆中，我說了一句話：在課堂上老師的狀態，其實就是講台下學生的狀態；也就是說：老師的狀態，就是學生的狀態。

一個老師站上講台的時候，要能把自己的狀態維持好，如此才能將教室內學生的狀態維持好。當老師的人，不能放棄任何一個學生。企業倫理的教學，在某種程度上，是用自己的狀態，來改變學生的狀態。

有時候老師不用教，學生自己就能感受；有感受才能感動，進而才會行動而改變。因為站在講台上的我們，是用自己全部的可以，來跟台下的學生交換。

不只當老師如此，當父母的也是一樣，其實我們身邊一切的對待都是。

◎第二部 老家 老父

結束後，搭高鐵到左營再轉高雄捷運回到高雄老家，這是以身為子女的身分，回家探視父親。

回家裡陪著父親看電視，偶爾說一下話，時而他簡單問，我回答得也簡單；時而我簡單問，爸爸也簡單答。

天氣很熱，老家客廳一樣沒有冷氣，父親一直要我到二樓開冷氣吹，人休息一下。我說：不用啦！我在一樓就好，不會熱，因為我想陪父親在樓下，說說話也很好。

後來我們到公園走走，其實這個地方是陳中和墓，小時候在樹下玩的芒果樹，果實結得滿滿，來到阿姨賣烤地瓜的攤位坐坐，喝了杯西瓜汁消暑，就只是簡單聊聊天。

在談話當中，我幫父親做大愛手，這是我第一次幫父親做大愛手，感覺窩心。後來我一面做大愛手，一面跟父親問說：您是不是哪裡特別不舒服，人感覺如何？

因為父親身體的狀態，就是我當下的狀態，我們生命的頻率會共振。所以在我身上的反應，可以告訴我：父親身體哪一個部位的狀態。就這樣一面跟父親說話，一面做著大愛手。

晚上父子兩個人，找了附近一間餃子館，我點了水餃、蒸餃及蔥餅，喝碗小米粥。都點較軟的食物，因為父親牙掉不好咬，吃完晚飯跟父親道別後，踏上回程的路。雖然只有短短不到一天的陪伴，但我身上有著好深的感謝，內心很踏實。

在回程的車上，依稀記得自己說過的話：老師的狀態，就是學生的狀態。其實父母的狀態，也就是孩子的狀態。自己的狀態，就是身旁一切生命的狀態。所以把自己的狀態弄好，真的很重要。

最近除了秘書長身分外，也接任信義文化基金會執行長，加上學校教學及研究計畫主持人的工作，有更多的機會接觸到不同的生命，內心更懂得，自己狀態如何的重要性。

讓生命可以來到更多能與用的開展，是自己這一生中值得去努力的一件事。

當我輪轉在這些因緣裡面時，永遠會記得提醒自己：自己的狀態，就是身旁一切生命的狀態。

➢ 2011 年 6 月 13 日到崑山科技大學演講：企業倫理的推動與教學。

➢ 陳中和墓是我小時候玩耍的地方，位在高雄五塊厝，現已規劃為公園供民眾休憩使用。

➢ 筆落 2011 年 6 月 14 日 22:51:31。

百篇足跡 3

參和氣照顧基礎班

圓滿起點　和氣照顧

楔子：參和氣照顧基礎班

早上由卓蘭菱園直接開車返回學校，小兒子跟著來，怕孩子一會兒喊無聊，找些事給他做，請他幫忙登記成績，我忙著改考卷，處理手邊一些事情。

上週五結束服務學習研討會的發表，週六一整天進和氣照顧基礎班學習，感謝老天及大愛光老師的慈悲，讓自己有福氣多學會一項助人的工具。

和氣照顧是大愛手的源頭，可以不用跟對方直接接觸，也能透過和氣照顧來祝福對方。祝福的對象，可以是在世或往生的人——當天我有三次機會，進入光團中心被祝福。

壓迫轉清涼的關係

第一位受邀進光團被祝福的，是我的父親，當下的我感覺到一股很強的能量進來，能量的密度很高，胸口感到有點壓迫，後來隨著光團祝福，這能量轉為清涼。我跟父親聚少離多，無法侍親在旁，因而感到沒有克盡孝道而心生壓力，這是我在這次過程中的感受與解讀。

清涼喜悅的關係

第二位受邀進光團被祝福的，是我的母親，母親往生已逾十年了，心中感受不盡相同。當我躺在光團中心時，光團導師要我將雙手交疊在靈心位置，很快人就感受到一股清涼的能

量進來，這股能量從開始到結束都是清涼的。

這次跟母親的連接，跟在十週傳光人班會時，第一次為母親做和氣照顧時，那種悲傷哭泣的感受不相同；這一次沒了悲傷，內心反倒多了喜悅。這是多年下來互動的轉變，慢慢由來不及孝親的遺憾中，望見血脈報恩的機會與感謝。

熾熱急促的關係

第三位受邀進光團被祝福的，是孩子媽媽，這次能量聚在靈心處，感覺一股炙熱，呼吸與心跳相對變得急促，人不舒服。我清楚這一生欠對方太多，心結難解，希望不斷透過和氣照顧的祝福來圓滿。

傳導師說今天一個人只有一次機會，我把這機會留給關係中最不圓滿的她，願自己這一生可以不相欠而離開，可以用自己的修煉行願來化解這心結。

決定——到學員班

十週傳光人班受傳了立如松與大愛手；上週六的和氣照顧基礎班，又學了和氣照顧；接著本週二晚上起，進入到學員班會。聽說這個班會是一整年都在上課學習，每週二晚上七點開始，從年初開班到年終。

雖然開班已經逾半年了，還是決定中途進入學員班會跟著學習，藉著跟隨班會進度不斷修煉行願來轉換自己，相信總有一天，可以圓滿所有的關係。原來一切關係圓滿的起點，就是用和氣照顧來祝福一切有緣生命。

➢　2011 年 6 月 18 日是我第一次參和氣照顧基礎班。
➢　筆落 2011 年 6 月 20 日 14:07:49

靈性成長的足跡

百篇足跡 4

進週二學員班會

老靈魂　就等這一刻

楔子：新旅程

昨晚進和氣大愛週二學員班會學習，這班會開課半年以上了，因為大愛光老師慈悲，讓新同修也可以破例進來。來到慈場的時間稍晚，就在慈場外立如松，這是一次定靜的站立，感受到不同的光能量。

後來師姊看到我立在外面，請我進來裡面，因為我是新同修完全不清楚要做些什麼，反正就跟著整個光團的程序來依樣畫葫蘆。這是一個信任的功課，一種完全的相信。

輕聲問著自己：我相信大愛光的慈悲指引嗎？我相信自己的這一雙手可以助人嗎？我相信透過自己的修煉行願可以打開血脈嗎？

我完全相信！更清楚自己這一條命可以如何來使用，這是一個生命的看見——看見自己的心。
老靈魂生生世世，就在等這一刻的到來。所以說：這一生要等待的人，是我們自己。

玩得很開心　玩出一身汗

昨晚我雖然完全不清楚整個流程，但是我相信一切的引領，把自己完全交付出去。我很喜歡昨晚的修煉，可以說玩得很

用心，所以用「玩」這個字眼，是因為身體打開了，隨著每一次踏地的律動，把負面能量向下釋放。

這是大地的厚德，承載著每一個生命的重擔；更是老天的慈悲，撫慰著每一個生命的傷口。

昨晚從頭到尾就是踏步、繞圈，玩得全身都是汗。

第一次感覺頭腦全部淨空，幾乎沒什麼念頭，只要稍有起心動念，步伐與律動就會被打亂；稍有念頭一起，馬上會被收攝、下放到腳底。

昨晚結束後，用立如松來站定有點暈眩的身體，沒有共修時間，其實整個過程也難以用文字來表達。

把愛送出去

今天下午跟著師兄姊到新豐的誠正中學做大愛手服務，這是以感化教育受處分人為收容對象之少年矯正學校，這些被收容的少年很需要被社會關心與重新接納。

我只是想去為這些孩子做大愛手，把愛傳給這些孩子。

這陣子人很忙碌！但是覺得生命過得充實愉快，因為清楚這些忙的背後，是為多少人在忙碌。不是只為自己，也不是只為孩子或家人。

不再問　為什麼

我不會再問老天：為什麼？

生命來到最後，沒有為什麼了。這是一條簡單的路，人生最後的為什麼了。

我不知道自己這條命還可以再做多少事情，也不知道自己的願意可以真正幫助多少人。不論我的能力有多少？我都有一顆願意的心，一輩子就做這一件事——快樂助人的事情。

感謝成全的一切因緣，祝福身邊的每一個生命。

➢ 2011 年 6 月 21 日是我第一次進到和氣大愛學員班會學習圓滿。

➢ 筆落 2011 年 6 月 22 日 11:03:49。

每個生命都是機會

楔子：第一次

剛由誠正中學做完大愛手的服務，這是一個不同於一般場合的地方，相對就會有許多需要配合的相關規範。這裡收容的孩子是受感化教育處分的少年，但是同樣都是一條又一條值得珍惜的血脈。

今天下午做了兩輪的大愛手，也是我第一次出去外面傳光行願，整個人感覺很開心。

做出　嘴角的微笑

當我在幫第一位孩子做大愛手時，我的中下背部右側是酸痛的，這是我跟這個生命共振後的感受。手在背部畫圓的幅度與形狀不同於平常，甚至到最後是往外下劃的較強力道，過程中有輕柔細緻，也有較強力道的手法。

反正就放鬆讓大愛光引領這雙手來共振，結束後這個孩子跟我分享：他整個人很放鬆、舒服，有想睡的感覺。我看到這個孩子的嘴角，揚起一絲淺淺的微笑。
這一笑，我的心也就滿足了！

做出　鬆與靜　諒與解

當我在為第二位孩子做大愛手時，我的感受很不一樣，心感受到一股怨氣，感受到這個孩子對原生家庭的怨與恨。我的

上背右側是酸痛的,現在還持續酸痛,而且在進行大愛手時,會特別停在某些點上面,一直用大愛手將這些點裡面積累的怨與恨化掉。

等到覺得這個定點釋放了,手才會再移動到別處,而且手在這個孩子背後的畫圓,跟幫第一位孩子做大愛手時的軌道不同。我的手是沿著脊椎整條畫直線下來,不是明顯畫圓,手到最後,相對速度也變得較開始時來得快一些。

結束後孩子跟我分享:他很放鬆、很舒服,有一種很定靜的感覺,整個人會很想睡覺。同樣這個孩子的嘴角露出微笑,眼神是明亮的。我想:這孩子體內的怨與恨,在這場大愛手中,應該化解不少,從他亮亮的眼神中,我看到什麼是體諒。

都　曾經是寶貝

我從來不知道自己可以跟一個陌生的生命如此地貼近,如此貼近這個生命的內在,沒有了距離,也沒有人與我之間的分別。雖然這些孩子被收容在誠正中學受感化教育,但每位孩子都曾經是父母親手中的寶貝,每位孩子都是一條條血脈裡的大好機會,這些生命跟其他人一樣,都是平等的。

感謝這些孩子給我這個機會,讓我有機會可以幫他們做大愛手,讓我可以由他們的分享裡,看到生命原本的美好。

➢　2011 年 6 月 22 日是我第一次出去外面傳光行願。
➢　筆落 2011 年 6 月 22 日 16:53:05。

微微初體驗

契子：帶著自己出門

這兩天自己狀態不是很好，人不太想去慈場，最後都還是開車出門帶著自己來到慈場。我告訴自己：生命底層越抗拒的，就是越需要接受的；每當覺得不需要，往往是最需要的。

因為我是新同修，來慈場就被做大愛手，一開始立如松時，就發現我的狀態不好，偶爾立到睡進去，直到晃動才驚醒過來。以前沒有這個現象，昨晚一立很容易睡進去，不知道是慈場不同，還是我的狀態不好。

越求 越苦

慈場內播放著老師的心法，依稀感受到有些字句進入內心，我記得有一段特別有感受，老師在談什麼是大愛，其中的指引大概是這樣：大愛，是一種無條件的愛，過程中我們不會再要求了。

在日常的生活裡，我們都有自己最愛的人，即便是我們最愛的人，過程中難免會有所要求。這種要求的心，是內心煎熬苦受的源頭。我們越是要求，內心就越煎熬、越苦，如果可以做到無所求，做到無條件付出，我們就可以把這份愛昇華到一種大愛。

我想：這是自己還需要修煉的功課，一份不要求、無所求、無條件付出的大愛。當這份愛化為大愛的時候，就能夠不牽掛自在了。

開封──微微地動

昨晚站著被做大愛手的經驗,是進入一種睡進去的狀態,有時會進到一些古代早期的街景與時空,這是老靈魂的時光之旅,靈魂印記開封的感覺。身體時而因為睡進去而起晃動,這晃動在外部很細微,但內部卻是巨大的,不知道是否這兩天人太累,狀態不好而引起。

昨天早上在改學生考卷,批閱試卷上學生寫下我說過最令他感動的一句話時,每一位學生表達的字句,都不太一樣。原來我還真的說過不少話,因為好多學生的感受都不同。

記得有一位女同學分享了一句話:成熟是了解到目前對方只能做到這裡了!我明白這孩子的狀況,她剛跟男朋友分手,所以現在對這句話特別有感受。

永遠的陪伴　生命的力量

當初她聽我說這句話時,沒有特別的感受,但是當她經歷到感情的變化時,感受特別深刻,突然就記起我曾經在課堂上說過的這句話。

我總是期盼學生在修完我的課後,會帶著一些話語離開教室,並且可以留在心裡。我希望這些話是一份陪伴,是永遠的祝福,更希望這些話會是支撐孩子生命的力量。改著考卷,讀著學生的分享,這些孩子真的把話聽進去,也都記得這一份感動把改考卷這件事情,變得好美。祝福你!

➢　　筆落 2011 年 6 月 24 日 08:17:07。

四季不空

楔子：天空哭了

連著幾天下來，忙著準備書稿與資料，時常一整天眼睛就盯在電腦螢幕上面，專注的態度，讓枯燥重覆的步調變得加快，隔著研究室玻璃窗遠望，天空下起雨來了。

突然想起 A-Lin 唱過的一首歌「勇敢的不是我」，歌詞開頭就是：天空哭了，它哭什麼呢？
好貼切！貼近此刻天空飄著細雨的意境。

我喜歡這首歌，詞寫得很貼近我的感受，只是當下這個哭，對我是一種歡喜的看見。自從進到和氣大愛學員班會學習後，我一直在檢視這份因緣的到來想告訴我什麼？

我活在圓桌　力量在改變

記得在 2003 年暑假第一次接觸圓桌「改變的力量」，課程中讓我感動而流淚，第一次發現：原來哭是一件這麼美的感動！但是課程後，我並沒有立刻進入二階的課程。

一晃兩年過去了，我在行政工作上精疲力竭，原本想當老師的熱情，漸漸被磨光、消失了，於是我主動回圓桌，報名上完二階到四階的所有課程。

在一階課程裡，我學習到自我的覺察；在二階課程裡，我學習到人我的覺醒；在三階課程裡，我學習到群我的覺知；在

四階課程裡，我學習到大我的覺悟。這是我自己給課程下的標題，未必說得貼切。

我也進一步把四階課程的學習與感受，以文字的方式，分享在已出版的「我活」系列書中。課後我也幾次以學長的身分回去帶領後期學員，在我當完二階學長後，我覺得自己不適任學長，因為我發現自己的能量不見了，我的功課來了。

集點→追求→暫時停止

一路上我們不能只是一味追求上過幾階的課程，一路上我們不能只是一味追求擔任幾次的學長。我們不是在玩集滿幾點，就能換取什麼的遊戲；我們應該在乎的，是這背後更值得探討的東西。

我們曾經好好想過這些問題嗎？
自己上完課程後，我對別人的成長有幫助嗎？
自己擔任學長後，我對學員的精進有幫助嗎？

我們不是一味只是在玩集點的遊戲，我們要反省自己是否對別人的生命有幫助？否則上完這麼多課程，擔任過那麼多次學長，也只是讓自己集滿更多點，看起來很厲害而已。

結果我們對別人的生命品質，一點都沒有提昇，這個看見與反省，讓我停止好幾年的上課學習。

四階→四季──行到不空

今年四月因緣的引領，我進了和氣大愛重新學習，昨晚大零

……老師說學員班會課程，有一整年、分四季；昨晚是第二季……後一堂課，四季意味四個階段。想想圓桌課程分四階，和……氣大愛課程也分四季。

……一季課程，是學習自己跟自己的關係；第二季課程，是學……自己跟伙伴的關係；第三季課程，是學習自己跟小組的關……；第四季課程，是學習自己跟光團的關係。

……週起，課程即將進入第三季的課程，我是新同修，由第二……後半插班進來學習。

……o ahead!

……天非常慈悲，在我學習完圓桌課程之後，在我面對人生低……，停止一切課程的學習後，讓我再度接續到和氣大愛班會……重新學習。

……跟自己說：就當成是圓桌課程的再進階修煉！

……實也真的是進階的修煉，因為不只要上課，而且還要真正……功夫；學會了還要出去行願，這是一種解行合一的修煉，……最根本的功夫。原來這一切都是為我而設，都是我的需……。

……指打字寫到這裡，心裡充滿無限歡喜與感動！
……來：修法不修心，到頭來一切都是空啊！

筆落 2011 年 6 月 29 日 17:37:26。

感謝不舒服

楔子：放空

進入七月份的暑假，文字放假了幾天，人也放空幾天，回學校忙些手邊的事務。下週二下午協進會要開理監事聯席會議，有些工作報告與提案資料由助理整理中，而我有自己需要去扮演的角色與任務。

昨晚和氣大愛學員班第三季開課了，先由功體的形塑開始，是基本功的練習。一些看似簡單的動作，卻讓我全身酸痛，當然由身體的不同酸痛部位，也可以知悉自己內在發出的訊息為何。

不舒服　很好

這是一個很好的經驗，身體越不舒服越好。一來姿勢站得越標準，身體狀況就越多；二來內在透過身體發出的訊息就越精準。在這些外顯的身體層結果上，我們到底可以看見多少靈魂層的原因；又到底還要多久，才可以回歸到靈性層。

煉和氣時可以透過身體看見前因後果，日常生活的點滴發生，一樣可以看到。問問自己：在現在的生活裡，我看得見多少自己的過去？是什麼樣的過去，讓我過著現在的生活？

如果我們可以看見，就有機會改變因果；我們慢慢不會只問為什麼會有這樣的果，我們將學會專注活在因地，想辦法去改變那個原因。

只要我們改變了自己，相對我們也就會改變一切，因為我們就是最大的原因所在。生活裡的一切發生，我們去上多少課程，這一切都只是緣，是來渡化我們的緣分。有了這些緣，我們多些改變自己的機會；但這些緣，未必保證一定可以渡化我們。

師渡　自渡到波岸

所謂：迷時師渡，醒時自渡。

真正能渡化我們的人，還是我們自己啊！我們是過去因、現在緣、未來果的支點，這三個時點與因果，全繫於我們的身上，就看我們怎麼辦？拿自己還有沒有辦法？

如松不舒服，形塑功體更不舒服，背著慣性不舒服，逆著個性更不舒服。

這一切的不舒服，都是我們的機會，是來讓我們看見過去因的機會，是來讓我們感謝現在緣的機會，是來讓我們改變未來果的機會。

文字來到這裡，好感謝並祝福自己身上一切的不舒服。

筆落 2011 年 7 月 6 日 12:22:43。

愛上的 是另一個己

楔子：昨晚的酸楚

在學校看著下午桃訓計畫期初審查的資料，身體還是感到有些酸楚，但談不上疼痛。昨晚到和氣大愛學員班進行和氣的團煉，整個人放得比平常還要鬆垮、汗流浹背，讓內在力量不斷地引導身體踏步與滑動，這是一項信任功課，也是一種生命交托。

護持的師姊好辛苦，還得要傳導師協助，在自己身上那股能量很大，還沒學會控制，自己立如松的功夫沒做好，還沒受傳和氣，一切都在探索與感受中，尋著內在的力量。

開門迎賓

陸續有朋友預約到訪菱園，沒刻意做些什麼，只希望用最自然的方式接待，打開大門迎接，也打開自己的心門，同時打開生命的格局，讓生命從此可以走在大格局的軌道上運行。

朋友送來的一封電子郵件裡，有一句人生經驗傳承的話有意思，分享之。

好的愛情是你通過一個人看到整個世界，壞的愛情是你為了一個人捨棄整個世界。

對我而言，愛情其實沒有所謂的好與壞，從某個角度來看：

愛情裡的一切經歷都是好的，因為都是我們自己的需要，都是來成就我們的。

愛情是緣分　也是願力

在愛情裡有著很深的緣分，也有著更大的願力；在愛情的修煉裡，沒有大的願力是走不下去的。我們透過愛一個人，而學會如何愛自己；我們透過愛自己，而學會如何愛一個人。

別人就是自己，自己也是別人。我們愛上的那個人，其實是另一個自己，是另一個我們還沒有完全遇見的自己。當我們學會愛自己，自然會懂得如何愛別人；當我們學會愛別人，自然會懂得如何愛自己。

只有當我們是一個快樂與幸福的人時，我們才能帶給別人快樂，才能帶給別人幸福。當我們願意用正面的角度去看待愛情時，所有的發生都是好的，所有的經歷都是美的。

在愛情的修煉裡，遲早會遇見未知的自己。

筆落 2011 年 7 月 20 日 12:03:42。

核心價值

楔子：王建民勝投

早上看了場美國大聯盟國民對上小熊的球賽，王建民終於獲得暌違 770 天後的首場勝投。自己內心好感動，感動的是他兩年多以來，一路復健過程的辛苦與努力終於有了回應，相信他的身心狀況會越來越好，為他加油！

筆停了一陣子，上週人在卓蘭菱園簡單生活，直到 8 月 8 日早上才由卓蘭回新竹再直接到台北。因為當天要以中華企業倫理教育協進會秘書長身分，偕同兩位台達企業環境倫理研究獎助獲獎教授，一同受邀到台達電子總部會見鄭崇華董事長。

第一次直接與鄭董事長面對面交談與分享，感受大企業家身上的那一份謙卑與親和力，看見一個成功人士身上的那一份特質，就跟我們看到王建民身上散發的那份特質一樣。

嗯！這是謙卑

永遠記得提醒自己：謙卑，是一切學習的基礎；謙卑，是處上的唯一智慧。沒了謙卑，一切的學習其實都是假的；沒了謙卑，我們也不可能更上一層樓。

蔡總經理同時安排專人帶我們參觀公司產品，更加了解企業的文化及台達文教基金會運作。中午在公司便餐，鄭董贈上

他親筆簽名的書，下午搭捷運回信義文化基金會開會與討論。晚上在台北吃個晚飯，父親節就這麼過了。

這些年學會了如何不期待，學會如何面對生活。父親節要如何過？有沒有過？其實一切都很好。

昨天在家完成《企業管理綜合個案研究》三版書稿，下午三點完成書稿修改，寄出去給出版社編輯。晚上回到新竹慈場，上和氣大愛學員班的課程，好像是用一天的修煉，在化解其餘六天的能量。

傳導師跟光團導師開玩笑說：政學！需要特別的管束！
光團導師回說：沒有人管得了他！傳導師您自己要不要下來直接看管！

你還要玩多久

傳導師開玩笑問我：你還要玩多久！
你是高能量者，身上能量很高，進學員班這麼長一段時間了，早該受傳和氣了，真是貪玩！要玩到什麼時候。

其實我內心沒有答案！人倒聽得有點不好意思。
是啊！我自由慣了！也沒有想要達到什麼境界，什麼也都不用人家管，但自己覺醒力還不足啊！

我心中一直相信：一切的發生都是自己的需要，沒有一個發生是不好的，都是我們的大好機會。我們一定可以用微小的發生，來做巨大的改變，一切就看我們如何看待這些發生，如何回應了。

父親──心中的核心價值

昨晚學員班會上，大愛光老師帶領全體同修，為全天下的父親送上和氣照顧的大禮與祝福。

大愛光老師問同修：什麼是每個人心中的父親呢？
大愛光老師回說：父親，就是每個人心中的核心思想。
在每個人內心都有一個核心價值，那就是父親。

我問自己：那我的核心價值與信念是什麼呢？
父親的形象，在我的內心裡清楚可見嗎？
我在孩子心中，那個父親的形象又是什麼？

我們每一個人都有一個很大的功課，就是要圓滿我們跟父母之間的關係，如此才有可能完成自己，圓滿一切的關係。祝福你，有美好感動的一天！

➤　　筆落 2011 年 8 月 10 日 12:07:44。

放下個性　成就覺性

楔子：連二場勝投

早上看了王建民第二場的先發，結局是連二場勝投，感覺好開心。整理一下東西待會帶小兒子回卓蘭菱園，明天認識多年的同事一家人要來造訪。

菱園是我在卓蘭的家，我築夢的起點。這些年自己有一個功課，就是如何面對自己的個性。

能放下個性　方遇見真我

「個」這個字拆開來，就是一個人固守在某些人事境上面。一個有個性的人，就是一個拿自己沒有辦法的人。因為有個性的人，只有自己的過去，因為個性，意謂著我們的過去與習氣。

我們老是重複著過去，一直被習氣牽著走，有個性只是讓我們不斷重複著過去；我們沒有新的東西可以講，跳脫不了慣性，我們面對人事境老是這樣，結果還是一樣。只有放下個性，我們才能遇見真誠的自己。

放下個性，意謂不斷地放下過去；生活裡的大大小小發生，都是大好的機會，都是我們可以用來學習放下個性的好機會。放下個性，就是開始想要放下我們的過去，我們想要活在現在，活在當下點滴發生裡，我們身上的覺性會慢慢恢復。

完全信任發生　全然覺知活過

望著生活沒有過多的認為，只剩下覺知，我們完全信任發生，全然覺知活過每分秒。一切發生都很好，我們接受了自己與一切。相對的，我們也被這個天地給全然地擁抱。

當我們被全然且無條件地接受時，我們的生命就開始轉變了，變得更有勇氣。我也學習到一件事情，當我可以全然接受孩子全部的樣子時，這個孩子就會開始敬重他自己的生命。對一個老師來說，這也是我對自己的提醒。

有個性　斯有距離

當老師可以全然接受學生全部的樣子時，這些學生就會開始敬重他們自己的生命，他們會願意改變自己，因為他們被全然接受了。

就當一個父親的角色而言，我沒有做好全然接受孩子這件事，我還很有個性，很有父親的樣子，這個樣子讓孩子跟我還有距離，我還沒有放下。相對老師角色的扮演，就表現得較好些。

每個孩子來到我們的家庭，都是來成就我們的，來到我們生命裡的每個人，都是我們的大貴人。

永遠記得：只有當我們全然接受一個人的時候，這個被接受的生命才有可能會改變。

放下個性　成就覺性

要做到全然接受，就是要學會放下個性，放下個性，也就是放下我們過去對這個生命的成見。只有放下我們過去的成見，我們才有可能全然接受。

如果在你心裡想要改變某一個人，就試著放下你的個性，全然接受這個人的一切。

當我們不斷放下個性時，最終我們也改變了。其實我們就是不斷放下個性，來成就自己的覺性；原來我們就是經由接受別人，來圓滿自己的關係。

這是今天早上的感受與分享，祝福你！

➢　筆落 2011 年 8 月 17 日 11:09:28。

珍惜平台　全力以赴

楔子：謝謝你

時常在不同的場合，遇到不同的朋友，有的朋友會跟我說：楊老師！我看過且用過您寫的書，謝謝您！有的朋友會分享說：楊老師！我一直有看您的部落格文章，要繼續寫哦！

是啊！文字的分享，就是不同生命之間的交流，不管自己的狀況多麼不好，還是要加油才行。是這些生命一直鼓勵與成全我，讓我只能再往前進。

昨晚人到新竹慈場的學員班會學習和氣與踏步，學習到：我是中軸發光體，連接大地慈悲心。感覺整個人的心，還是沒有完全打開來，練習功法與心法時，身體底層的力量上不來。

了解後的體悟

最後共修分享時，我說：感覺自己像塊木柴，燒到一半上不來，全身還沒打開就要下課了。

有位同修問光團導師說：每次來，每次煉功法，感覺不知道在煉什麼？

光團導師回答說：以前的我，也不知道自己在煉些什麼，一直到進慈場做些事後，才慢慢知道這答案。所以鼓勵大家，

可以進來慈場做事，做些行政或打字工作，或是其他志工都很好。

我覺得光團導師回答得真好，這是一個生命經過了解之後，才會有的回覆；沒有掙扎反省過的生命，不會有此了解。

記得以前我在圓桌帶學員時，學員一直因為他沒時間回「分享會」而感到自責，因為他沒時間回圓桌當志工而感到有股壓力。他把圓桌當成唯一平台，一個修煉他自己的平台。當時我跟他分享說：學長也跟你一樣，不是全部時間都在圓桌，分享會我也常常沒到，志工服務也是量力而為。

跟隨是福氣　助人是愿力

我是一位老師，也扮演著許多不同的角色，當我看顧好學生，跟一切有緣生命真心交流時，這都是生命可以發揮的平台，就算是沒有回到圓桌當志工，你一樣在做助人這件事。

我們跟隨的，不是某個特定的團體或是老師；我們跟隨的是助人這件事情，跟隨的是讓世界可以更好的這份愿力。

有團體與老師可以跟，是修來的福氣，但請永遠記得：即使沒有團體與老師，我們一樣要做助人這件事情，這是我們的愿力。

學習找事做　做中找答案

學習，只是人生修煉的第一個階段；學會了以後，就要想辦法去做到，要能找事情來做，要由做事情當中來尋找答案。有時候事情會反過來，驅策我們的生命往前進。

我們每一次出去行願，每一次出手協助別人，不是人家需要我們去行願，需要我們去服務，應該反過來想：是人家給我們機會來行願，給我們機會服務他們。是這些生命在成就我們，一次又一次給我們機會。

我們不斷透過這些機會，透過真正去做事情，一次又一次更加明白要放下個性，轉化慣性，如此生命才有可能跳脫舊有的軌道，打開大格局。

慈悲的平台

無論是過去在圓桌當志工，當學長為學員服務，或是現在人在和氣大愛跟著光團學習與行願，或在學校教學與輔導，投入基金會與協進會服務，都是讓生命可以發揮力量的平台。

所以，不需要執著一定要在什麼樣的平台，生命才得以發揮，執著一定要在什麼樣的平台才是做事，反而是種執著。

每一個生命都有各自不同的因緣，當我們用心把身邊的生命看照好的時候，我們其實是在成就並圓滿自己的生命，自己得到最多。

感謝身邊一切的因緣，所有生命與發生的成全。

➢　筆落 2011 年 8 月 24 日 16:21:47。

罷苦　還在癮頭處

契子：颱風過後

分天早上由卓蘭家裡返回新竹，颱風對竹苗地區的影響相對較小，一路順暢。感覺手邊有些工作需要馬上處理完畢，回到家開電腦收信並回信，想著如何處理事情。

本週四上午及下午，各有一場座談會要主持，這週五要出國五天，學校開學前兩天得請假。今天下午的會議請假，想一個人在家裡靜靜。

是啊！總習慣在一段日子過後讓自己靜一下，讓許多的情緒與感受，可以在身上流動與走過。最終只是對這些感受說一聲：謝謝！

四方看看　癮頭兩端

在我們的生活裡，不自覺會對某些東西上癮。例如，有的人會對金錢上癮，有錢不去賺很苦，即便不需要為賺錢而放棄生活，還是要去賺錢。

有的人對名利上癮，不斷為升官經營人脈關係，在關係裡為得到而權謀，忘了人際之間的單純。

有的人對愛情上癮，即便知道關係不會有結果，他還是選擇苦中作樂，用謊言來說服自己繼續。

其實每一種上癮，都是因為想逃避痛苦而引起，但是最終帶來的還是痛苦，不管我們對什麼東西上癮，我們只是在利用這些東西掩飾自己的痛苦。

送光進到關係　用愛圓滿關係

在親密關係裡：親子關係、婚姻關係與愛情關係是完全接受對方，不評斷或不改變對方，我們才會走出關係，在關係裡慢慢地成熟。沒有誰是受害者或加害者，在關係裡面，彼此用生命在護持與成全對方。

與其不斷地與陰暗面對抗，倒不如直接送光進到關係裡面。與其不斷地對假象作反應，倒不如直接用愛包容與圓滿關係。

還在苦的地方，就是還在上癮的地方；上癮的東西越多，身上苦的感受就會越多。

問問自己：我還對什麼東西上癮？
看看自己，要到什麼時候，對各種生命來到的態度是：有很好，沒有也可以。此時，上癮的東西就會少了，身上的苦也會跟著變少。

祝福生命，也祝福我們身上所有上癮的一切。

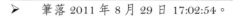

➢　筆落 2011 年 8 月 29 日 17:02:54。

百篇足跡 5

受傳和氣

➤ 　受傳和氣(2011.8.31)。

百篇足跡 5

受傳和氣

➤ 　受傳和氣(2011.8.31)。

行 最大的能量

楔子：傳和氣

昨晚到新竹慈場時，見到傳導師，傳導師問我：政學！今天受傳和氣好嗎？我說：好啊！

昨天白天在家沒出門，又收到些負面訊息，其實白天的我，身心狀態並不是很好，把自己帶到慈場，是我對自己的承諾。

感謝大愛光老師的慈悲引領與教導，讓我的生命有機會可以提昇，有能力可以轉化。

昨晚整個人能量不斷湧上，讓身體跟著和氣走，大愛光老師同時也教同修一些踏步心法，要我們修煉時輸入大愛光老師的思維，期許我們進入大愛光老師的平台修煉。

只有當下這一步

當我一遍遍跟著老師誦念心法踏步時，每一步變得更踏實了，期盼能跟地心連接。

沒有下一步了，只有當下這一步，這是一種篤定，一種對生命的承諾，一種對自己想要做的事情燃起的一份熱情，一種想對這個世界、所有生命付出的願力。

行　最大的能量

誦唸中，有些字句會油然而生，心裡一股熱流，尤其當我誦唸到：當生命能夠實現生命願景的時候，便能夠得到生命的療癒。

也就是說，當真正去做的時候，就會生出完整的療癒力量。行，是最大的能量，所以叫做行動。

當下，我的內心好感動，我的心裡在問：什麼是我的生命願景？我體內的老靈魂在問：還要再混多久？

不能再混了

昨晚慈場裡就我一個人受傳和氣，事後護持的師姊說，我的能量真的很大，轉動起來的時候，需要有好多師兄姊共同護持才行。聽到此，就深深感覺到不能再混了，這個力量混下去，還得了！

從頭到尾我的眼睛都閉著，只感覺自己像個保齡球，在轉動的過程中，不時撞到旁邊在煉和氣的師兄姐，也不時需要有人在我不穩時扶我一把，讓我可以重新回到軌道上運行。

感謝昨晚這麼多師兄姊的護持，真的非常感恩，上午來到學校處理些事務，辦理出國請假的手續，下午到誠正中學護持大愛手班，傍晚再回慈場煉和氣。

感恩地德　感恩護持

我不想再被生命裡負面的情緒與毒素影響，就讓這些負面情緒與毒素，隨著往下踏的每一步，跟地心連接上，讓地心的厚德給吸收掉，並回收掉。

其實我們的一生，可以去做的事情真的很多，千萬別把自己給糟蹋了，要能敬重自己這一生的來。

感謝一切生命的護持與成全！

➢　2011 年 8 月 31 日是我受傳和氣的日子。
➢　筆落 2011 年 8 月 31 日 11:35:30。

還有什麼放不下的

楔子：無題

下午跟著師兄姊到誠正中學，幫裡面管訓的孩子們做大愛手服務，結束後我返回慈場煉和氣，有幾位師姊護持我煉和氣。打開大愛光後，我就站著轉軸、轉筒、踏步，也不去想——然後呢？因為沒有人來告訴我，接下來要如何又如何。

說也奇怪，沒有任何外在言語、動作的指令，身體很自然地就被一股力量帶著往後走，隨著力量的接上，身體也慢慢打開來。

剛開始時，我的肩還是很緊，腳也很僵硬地在使力，護持的師姊們想必一定很忙，也很累。因為我會撞來撞去的，自己跌倒了幾次，跌倒後再站起來繼續，像回到嬰兒學走路。

不放下　會比較好嗎

傳導師帶著我，要我把肩放下，把腳再放鬆。
傳導師問我：政學！你放不下什麼？
我說：我放不下一個人。
傳導師問我：準備要放下了嗎？(我沒有回答，也不想回答。)

傳導師說：政學！你還沒有想要放下？
我說：是啊！我還放不下。
傳導師問：不放下，會比較好嗎？
我說：不會！我只希望對方過得好，對方現在的環境，對他就是最適合的。

放了　就鬆了

過一會兒，有一個聲音從心裡出來：好！我放下！

在此當下，我想著對方的樣子，在心裡跟他說了些話，送出我的感謝與祝福。

接下來，我原先凌亂的步伐變得有規律，肩放下了，腳也慢慢鬆垮下來，我的轉動變得跟之前不同了，這是我的軌道。

傳導師說：很好！政學！你有放下了。

傳導師再問：政學！要不要出來做點正事了？

我說：好！我出來！

我心裡的聲音：我把生命好好使用完，我不要再混了，不要再躲在傷痛裡面。

慢慢傳導師要我去觀照自己走出來的軌道，過程中，有股內在的能量帶著我後退與前進，帶著我旋轉與漫步，時而堅定、時而沮喪，太多的感受不斷湧上，無法用文字逐一表達，這就是我本來的面目，自己目前的身心狀態。

等我停下來的時候，已經晚上七點多了，我竟然可以不停地轉動超過一個半小時了，全身都是汗水，聽著傳導師跟我分享他的看見。傳導師的第一句話，我就非常有感受。

枉費我一番苦心　全部付諸東水流

傳導師說：政學！你的第一樣子，用一句話形容，就是：枉費我（政學）一番苦心，全部付諸東水流。因為你呈現出來的樣子，就是上半部堅定，下半部無力，轉動的樣子帶著好

深的失落。

我笑著回説：我懂生命軌跡想給我的訊息，我會加油！放下還沒有放下的一切。

接著傳導師問我：政學！你有多久沒哭了？

我説：我的哭點很低，很容易被感動到哭；只是好像有一陣子沒哭了，也不知道為什麼？

傳導師説：因為你哭不出來了，沒有淚水了。

我只是笑，沒有再多説什麼，我自己聽懂了。

傳導師又跟我分享她看到我走出來的軌跡，要我多護住靈心光團，讓靈心可以有溫熱，因為我很缺母系能量，像孩子找不到母親。我笑笑説：我懂！我會多給靈心一些溫暖。

我想自己只能分享這一些了，想歇筆了，有些感受很細微，就讓這些感受留存心裡，感謝所有護持的師兄姊，感恩大家的成全。

➤ 「打開大愛光」是煉和氣前的準備，是讓身體轉換頻率的功法，是一個切換生命頻道的準備動作——從整天忙忙碌碌的肉體軌道，轉到靈性頻道。

➤ 和氣不是做運動，會有動作步驟；煉和氣就是讓內在力量，自動出來，這就是和氣可貴處，所以，就不會有預先告知「你會如何」「你要如何」的指令，這也是大愛光的慈悲，相信每一個生命都有無限性，都有無限潛力待開發；然，受傳和氣之前，先立如松，讓生命回復通天貫地的本質，煉和氣時的內在力量，就是此「有主軸」的向內回歸，向外開展的內在力量。

➤ 筆落 2011 年 8 月 31 日 23:28:49。

苦於古戲的再來人

楔子：來不及說再見

昨晚結束五天的吳哥窟考察之旅，回到竹東家裡已經是凌晨一點多。感謝兩位過去指導的碩專生來回接送，成全這一趟文化之旅的圓滿與順利。

回到家裡跟大兒子談些話之後才知道，女兒前兩天已經飛抵加拿大溫哥華，連一聲「再見」都來不及說出口。人的一生最遺憾的，就是「來不及」，所以才會提醒自己：要全然投入生活裡，用來不及的心情來面對人與人之間的關係，積極面來說，就是珍惜身邊人事境。

今天早上有兩堂知識管理的選修課，名單上有六十多位學生選課，超收了，學生還在加退選當中，修課人數尚未確定。中午召開這學期的期初系務會議，會議時間往後延，耽誤了去誠正中學大愛手服務，只好在研究室待著。晚上還有一堂經濟學，也是六十多位學生修課，有些是重修學生。

這一趟世界文化遺產之旅，開拓了視野，沉浸在印度教與婆羅門教的神話故事裡，倒是和氣沒有自行練習，停掉快一週了，隨順一切吧！

我參　我想

這陣子一直在想一個問題，因為自己的家庭經營不好，跟孩

子的距離越來越遠，一直想努力去修補親子之間的對待關係，但是，傳導師跟我説：政學！不要用修補的角度去看待，這一切都很好，要從這當中去看到一些東西。

我一直在「參」這句話，希望能有更多啓發。

我常在想當自己心平氣和接受這一切，而能默默為這個世界盡點心力的時候，是不是無形中就在做修補關係這件事。

關係其實沒有好或不好，都是求來的緣分，過去生裡長跪佛前，只為求這一生的相遇，有緣生為一家人，都是我們累世求來的緣分。

能夠相遇結成一家人，就是一種修來的福分。所有的對待、所有的安排、所有的情節都是好的，都是來成全我們的。這樣的觀照，不知是否可以跳脫自我安慰的心態，還是真能參透這當中所要教誨自己的真理與智慧。

想著女兒獨自搭機單飛加拿大，那麼遠的一趟路，心中還是免不了不捨，過不了內心煎熬這一關卡。回過頭細看這一切，心中不免生起疑問：難道親人之間生離的安排，是好的發生？難道相隔兩方思念的情節，是自己求來的？

有時，我不懂為什麼人生要這樣來安排，有時好像有點懂，但是又困在──老是變不出新戲的局裡。

苦於古戲中　靜觀再來人

苦這個字的下面，是一個「古」字，也就是古時候再來的人，

重複著相同的發生與結局。生生世世這樣，好不容易再來，這一生還是一樣。

每當夜深人靜時，觀照著這一切的發生，會提醒自己用所有的發生都是好的發生，都是來成就自己的角度，來看待一切的聚散離合。

是啊！這一切都很好，都是我們自己的需要。人生之所以苦是在提醒我們：不要讓這一生的再來，帶著一樣的結局回去。

老靈魂生生世世，一再演著相同的戲碼。我跟女兒在不同的時空，相遇在機場的迴廊裡，空氣中彌漫著送別與盼望，不捨與祝福的氛圍。為全世界的每一個生命，加油！

➤ 　筆落 2011 年 9 月 7 日 17:55:45。

就是回到慈場

楔子：補……

七點左右出門到學校，第一堂課要補課，因為這個星期五台北有場倫理沙龍要主持與分享，所以連著兩週利用星期三第一堂課時間來補課。

該是學生受教的時間，不能欠，有欠就趕快還。

昨晚回到新竹慈場的學員班會加入團煉，我已經缺課兩週，心裡出現抗拒、不想去的念頭，但無論如何把自己帶到慈場——這是我目前能做到的。

過去生裡殘留的許多印記，總是阻撓在生命向上的軌道，帶自己到慈場，也是帶自己超脫生與死的輪迴，帶自己破除身上的慣性與習氣。

我一點都不厭惡這些過去生裡還留著的習氣，反而感謝這些習氣，讓我可以更加認識自己。透過這些習氣來檢視自己的生命狀態，好感謝有修正的機會！

比手劃腳　一同讚嘆

昨晚課程我提前到慈場，發現氣氛有點不一樣，一群師兄、師姊在練習手語歌，笑聲不斷，心想自己是不是錯過什麼，還是走錯地方了。

原來大家在練習　老人家歸真紀念會的手語主題曲，二話不說，我立刻加入也比手劃腳地練習著，雖然我沒有報名本週日在東海慈場的歸真紀念會，但是會以喜悅的心迎接這個日子的到來，一同讚嘆。

課後簡短的共修分享，我説了自己的三個心得：

首先，當我立如松聽老師講述歸真紀念會意涵時，雙眼特別溼熱，有時淚珠滑落眼眶滴下，心裡在想可能是自己半個多月沒站立如松了，身體內部的器官在排毒，在釋放負面的能量。

再來，後退踏步時感覺腳底回彈的力道特別大，從腳底震到頭頂，也震動著體內各部位的臟腑，這種震動的頻率與力道，讓整個人變得好舒服。

最後，煉和氣時整個人旋轉的狀態是平穩的，而且速度很順暢。

不認真的學生

我跟光團導師自首，已經超過半個月沒煉和氣了。自從上回受傳和氣後，叮嚀我不可超過七天沒練習，結果我不只超過七天，還超過半個月以上沒煉和氣。

光團導師客氣説：政學！看不出來耶！你煉得很好，我還以為你在家都有練習，所以才會煉得如此順暢，力量都有出來，轉動得也很平順，看不出你都沒煉。

當下自己有點不好意思，看見一個不認真的學生。或許是自己上回身上的那一股和氣能量還在吧！以後，至少每週到課，就不會荒廢太久。

經過昨晚的課程團煉，今天自己的狀態好多了，準備到教室講授早上十點到中午的另外兩堂課。
祝福你！一切圓滿都好！

筆落 2011 年 9 月 21 日 10:11:25。

感謝給功課的生命

楔子：課堂對話

早上企業研究方法課堂上跟學生分享到，因果性研究設計的主題，談到因與果的問題，談到如何判定變數之間的因果關係。話鋒一轉，就談到人生的議題。

跟學生分享：我們現在看到的一切，其實都是結果了。造成這一切結果的原因在哪兒？如果不滿意現在的結果，就應該想想要如何做，結果才會變得不同。

為自己負責

如果還要別人為自己這一生負責，這一生註定無法重新站起來，因為「自己」就是這一生最大的原因。我們之所以現在會變成這個樣子，不是別人害的，是自己做來的。

當我們一再把對自己負責這件事丟給別人，希望別人負責把我們弄好的時候，只會花費更多的時間來療癒自己。把自我成長的責任推給別人，就完全沒有機會看見自己怎麼了。

今天對話的結論，跟學生約定：從今以後，要為自己這一生負完全的責任。這是一個多麼不容易的看見，需要很大的勇氣。從今以後，我們沒有理由要別人為我們負責任，一切都是自己的問題，沒有別人的問題。

剛才在部落格上面看到一則惡意的匿名留言，有點難過，也不喜歡這種躲在背後的小動作。但一切都是自己，一定是自

某些行為讓別人感到不舒服,感謝這個留言的提醒,讓我

機會回頭看自己。

認為……認為……

不管我們再怎麼做,別人還是帶著「認為」在看待,我們其

實也是一樣,習慣抓著我們的認為不放。

有時在想:關了部落格吧!需要承受這些嗎?我不過是想分

享而已,需要讓別人匿名攻擊嗎?另一個聲音出現了,這是

自己的功課,只能用更大的心量來回應。

大光 祝福

眼眶裡一直打轉的淚珠不小心滑了下來,好久沒落淚了,只

想靜一靜,整理自己心情。不管經歷到什麼,承諾晚上帶著

自己到慈場,我會為自己加油,這一切都在成全我的圓滿。

我誠心祝福,如果在過往的歲月裡,曾經因為我的言語行為

而造成許多生命的苦痛,我誠心地請求這些生命的原諒與寬

恕,祝福這些生命。願我們一同沐浴在大愛光能量的懷抱裡,

讓一切的傷害與不愉快得以消融與圓滿。

感謝這些給我功課,推著我快速成長的生命,因為這些生命

用其身上的苦痛在幫我推進度。祝福這些生命可以重新找回

自己、圓滿自己,我們一起加油!一起為生命推進度。

筆落 2011 年 9 月 27 日 15:46:20。

修煉行願　圓滿關係

楔子：每週一次

昨晚到新竹慈場的和氣大愛學員班上課，這是每週一次提昇自己靈性的機會，無論如何要讓自己到，帶自己到班會上。

今天大愛光老師指引了有關於「關係圓滿」班會的意涵，大愛光老師的這些話語深深進入我的內心，一直在發酵——學員班會，就是承諾自己要來「學習圓滿」。

圓滿——就是和自己圓滿

所謂關係的圓滿，其實就是自己跟自己關係的圓滿，這是昨晚我聽到的四個字，這四個字的內涵就是腳踏實地的「修煉行願」。

當我們可以腳踏實地修煉行願時，就是在圓滿跟自己的關係，提昇自己的靈性生命。跟自己關係圓滿時，跟所有生命的關係就圓滿。身體出現酸痛，哪裡不舒服，就是跟別人關係卡住，跟身邊關係人不圓滿了。

用修煉行願來圓滿跟自己、跟所有生命的關係——就是一條最有效率的路。

大煉——終了舊關係

今天，大愛光老師指引，能跟著「關係圓滿」的大班會「大煉」，就是要好好煉、用心煉，也幫舊有思維「大殮」——這也就是幫我們舊有的思維送終，重新做一個自由人。

昨晚自己煉和氣轉動時，跟身旁好多生命碰撞、互打；感覺自己在轉動時，身旁圍了好多的生命在拉、扯、撞。傳導師一句話，我聽懂了，也看見大愛光的慈悲示現。對我而言，昨晚是一個很好的啓發與看見。

助人成為　自己也圓滿

無論今後自己在什麼樣的平台，扮演什麼樣的角色，不斷地修煉自己，就是不斷地學習，為自己與別人學習。歡喜地行願付出，就是歡喜地助人，為助人成為而付出。

大愛光老師教導的修煉行願，就是要我們學習助人。在我們學習助人的過程中，我們跟自己關係圓滿了，自然會跟所有生命的關係圓滿，一切光明、圓滿。如同我們在助人成為的過程中，自己也完成了、自己也圓滿了。

感謝昨晚許多師兄姊的護持與成全，也對昨晚在我煉和氣轉動過程中，被我打到的所有師兄姊說聲抱歉。有你們真好！祝福一切生命可以圓滿所有關係！

➤　這一段法源，是 2011 年 10 月 4 日大愛光老師在和氣大愛學員班連線課程中指引：「關係圓滿的核心本質，就在於靈性之愛含量的多少，關係圓滿的主軸，就是和自己的關係圓滿，和自己的關係圓滿，就是要把靈性之愛帶給自己，要如何把靈性之愛帶給自己？就是腳踏實地的修煉行願，造就這難得的靈性生命體。」

➤　法源同上。「大煉」就是大大的煉、透徹的煉，平常是一般煉，而這個大煉在這個法慈場中又有一個「大殮」入殮的效果，這個功能。這個「大煉」哪！是什麼東西「大煉」啊？就是讓舊格局、舊能量入殮，也就是為舊格局、舊能量送終，讓自己的生命徹底轉軌，這個大殮啊！換言之就是迎接新生命的意思。

➤　筆落 2011 年 10 月 5 日 10:06:34。

交托　就是放心

楔子：課堂點名

昨天課堂上發現有幾位學生，第一堂來到教室上課，但第二堂不見人了，所以第二堂再點一次名，想給學生一個禮物。

跟學生說：你們真的不用來應付老師，你們來學校上課學習，是對自己負責任，這個學習是為了自己，不是來應付老師的。老師之所以點名，是想幫你們推點進度，協助你們有機會改掉遲到或早退的習慣。

大學生　怎麼了

對我而言，台下學生的一舉一動都看在眼裡，已經不會動怒、有情緒，只是感到有點可惜。可惜——這些年輕的生命到現在還在應付，還沒有意識到要為自己的生命負責。

這幾年，進修部學生的學習狀態更嚴重，大學生的整體學習狀態滑落得很多，連基本的到課率都不好。這是普遍狀況，所以，我常在想：這些大學生這個樣子，畢業後怎麼會有好的工作倫理與態度呢？

面對這種學習的氛圍，老師更要給自己打氣，讓自己有更好的狀態，才有機會去轉動學生。因為老師的狀態，就是學生的狀態；學生上課的樣子，就是他們日後工作的樣子。

交托　放心

前天晚上在慈場煉和氣的時候，從頭到尾閉著眼睛，用心體

會什麼叫做交托。學習把對自己的控制完全放給和氣,學習把對自己的不放心完全交給大愛光,學習把自己交托給內在的力量。

讓和氣帶著自己去煉,放心地跟隨,這是一個過去沒有經歷過的體會。

當我學習把自己交托給和氣時,需要放下對自己的控制與不放心,完全相信和氣。同樣的,身為老師的我,要如何做到讓學生願意把自己交托給老師呢?這是一個值得一生尋找的答案。

煉和氣──學習放下

對我而言,煉和氣就是在學習放下──學習放下對一切的抓取,放心地跟隨和氣的引領。學習一次次清洗自己,全然地順服慈場的能量。

把自己交托出去,是一次很美的體會,相信自己會在一次次的學習中體會更多。相信當我再一次站上講台授課時,身體會是放鬆的,心始終是熱情的。面對台下學生呈現的不同樣子,我知道這些生命用他們的樣子在幫我推進度。

這些生命用他們的到來在成全我圓滿這一生,我也要努力用心地跟這些生命交換,用自己更好的狀態來跟這些生命交換。相信每一堂課都會是一次很美的感動!

筆落 2011 年 10 月 6 日 08:58:51。

原諒對方　放過自己

楔子：傷痛的朋友

我有位朋友，多年來走不出被人背叛的傷痛，他心裡的怨恨始終沒有了結，生命走不出來，看到這樣的生命，我始終想為對方做些什麼？

在我們生活周遭存在著好多的傷心人，有親人，有好朋友，可能自己也曾經是，或者現在還是傷心人。心受傷的時候，用再多安慰的話也幫不上忙，旁邊的人也不可能完全同理傷心人的感受。

有時候我們能做的，就只是聽對方說話而已，懂得尊重傷心人，接納他們的傷痛是一件不容易的事。

破碎了　心傷了

其實，任何一段碎裂關係裡的所有人，都是傷心人。
如果我們只是一味地責怪別人、怨恨別人，我們就很難走出來，並且了結自己的傷痛。

如果老是把自己當成是受害者，用怨恨來建立我們這一輩子的關係，這一生是很難走得出來的。

這些傷痛之所以久久無法化解，就是因為在關係裡累積太多未能表達的情緒。因此心情時好時壞，久而久之，又陷入不快樂狀態中。

你給我負責！

我們之所以遭遇到這樣的發生，在表象上是別人造成的，但一味責怪與怨恨別人，等於是把自己丟給對方，要對方負責把我們弄好。要別人把我們弄好，就是把生命主導權交給了別人，喜怒哀樂全由別人來操縱。

從另一端來思考，別人是創造了一個情節給我們來經歷，這也真的沒錯！但是事情來了，我們可以選擇不讓自己傷心難過。許多的傷痛感，其實都是自己給自己的，我們為自己打造了一個痛苦悲慘的情節，然後沉浸在這樣的情節裡自怨自艾，始終走不出來。

當我們發現自己身上充滿著許多不圓滿關係，在人際互動上跟許多不同的生命糾葛拉扯時，例如，婚姻、親子、人際關係都不好，有什麼方法可以化解這些不圓滿與拉扯呢？

修煉行願　消融傷痛

對我來說，我的答案就是：修煉行願。

這是大愛光老師的教導，也是圓桌兩位老師的教導，讓我學習到能幫助自己，更能幫助更多的生命，這就是不斷地提昇自己的靈性生命的不二法。

在助人成為的過程中，我們跟自己的關係先圓滿了，然後我們就能圓滿周遭的所有關係，一切的不圓滿與拉扯會消融在行願的付出過程裡。

試著問問自己：在走出這一段碎裂關係的過程中，我有為自

己做些什麼了嗎？還是我什麼都沒做？

助人——走出傷痛

學習幫助別人，是帶自己走出傷痛的好方法。
在我們身邊有著比我們更辛苦的傷心人，在我們正為失去什麼而傷心難過的同時，想想這一切的安排，想告訴我們什麼？我們除了失去之外，是不是得到更多的東西？

放下——走出糾葛

如果可以的話，請放下糾葛你多年的怨恨，不要再把自己當成受害者。

走出來，學習原諒對方，也就是願意放過自己。如果我們還對過去的一切存有怨恨，生命就無法全然投入當下的生活：生命軌道無法轉換，生命格局就無法打開。

走在助人的道路上，抱著一顆修煉行願的初發心，如此就能走出自己的傷痛，圓滿一切的關係。祝福你，有一個平安快樂的國慶假期！

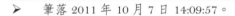

➢ 　筆落 2011 年 10 月 7 日 14:09:57。

一切為我而設

契子：心念

一切都是心念，這一生我們的修，最終就是修心念——修我們的第一念，修我們最初的動機，這一生就是一場活生生的動機實驗。

關係的不圓滿就是要我們不斷檢視與修正心念，當我們的心念是祝福全世界、全宇宙的生命時，在我們身上的所有關係就能圓滿，自己也圓滿。

昨晚在和氣大愛學員班會裡，大愛光老師再一次闡述關係圓滿的意涵，期勉所有同修要能補足關係圓滿的法慈場，提昇關係圓滿的光水位。而用來測試自己關係圓滿修煉水位的兩句話，令我印象深刻，看過，懂了，也就不會忘了。

視聽言動　注向觀照自己

這兩句話，就是：
了悟一切都是為我而設；明白一切都是我的錯。

當我們可以了悟與明白這兩句話的時候，就是我們真正懂得一心向內了，從此視聽言動就只是往向觀照自己。

了悟一切的發生，都是我們自己的需要，都是為我們而量身訂作的精心安排。明白一切的結果，都是我們自己的問題，都是由我們的心念聚集而成的結果。

當我們懂得一切為我而設，一切都是我的錯，並不是要我們一味責備自己、為難自己，而是要我們特赦、大赦自己，要愛自己。刪掉身上的舊思維，打破身上的舊格局，重做自由人、自由的靈子，而轉軌向上向善。

好美的～看見

這一生不斷學習、甘願付出，看似好像在幫助別人，其實是別人在成全我們。因為我們需要由助人成為的過程中，一次又一地放下自我，脫胎換骨、轉軌向上。

原來所有的忙碌，看似為別人，其實是為自己，這是多麼美的看見！這一生從來就沒有別人的問題，一切是自己；原來所有生命都是在成全我們，自己是一切。

了悟所有的發生不論是什麼，一切為我而設；明白關係對待裡的不圓滿，一切都是我的錯。

閉上眼，感受一下今天早上的看見與感動，從現在開始，好好特赦自己，不要再責備自己。祝福我們的老靈魂，踏上上善的軌道。

➤ 今天的體悟，法源來自於 2011 年 10 月 11 日學員班中大愛光老師指引：補足關係圓滿光慈場。升高關係圓滿光水位。了悟一切為我而設。明白一切都是我的錯，原來每一個人都是用生命在造就我。

➤ 埋葬舊格局，啟用新生命，建構新軌道，啟動新軌道，轉上新軌道，行願光塔一整體，煉出地球新的經緯線。

➤ 筆落 2011 年 10 月 12 日 08:50:1

為自己大殮

契子：最近糟透了

我明白自己最近的生活簡直是糟透了，好多的發生讓我有點措手不及，好多時候情緒沒有地方釋放。我差點忘了自己的責任，我沒有好好提昇自己。

每當生活裡出現大混亂時，人難免會用自己的方式來釋放情緒。不論選擇什麼樣的方式，都很好。但我總會很快提醒自己：加油！只有自己能幫自己重新站起來。

光是大煉

如果我們想要改善自己的人生，就必須不斷療癒自己的生命，我們所能做的就是清理自己。大愛光老師曾說：來到週二學員班會，就是來學習圓滿，來這邊跟著光團大煉——大煉也就是大殮，為我們的舊思維送終，也就是清除心智裡儲存的舊程式，接著就能自在且優雅地面對人生。

不論生活裡遇到什麼樣的關卡，我總是承諾自己，帶自己來到學員班會。一次又一次幫自己大殮，為舊思維送終，不斷清理自己，消除舊程式，下載新思維。

我明白這是提昇自己的唯一機會。

一體提昇　一同大煉

當我們對自己的人生負起全部的責任時，生命中的每一件事

都是自己的責任；在別人身上看到的，也存在我們裡面，生命中的一切都是相互連結的。

當我們提昇了自己、清理好自己，為自己大殮；我們相對就在改善周遭的關係、改變這個世界。

對身任教職的老師而言，提昇了，學生也會跟著提昇；對父母而言，提昇了，子女也會跟著提昇；主管與部屬的關係，也是如此。

我認真跟自己說：要為自己大殮、清理自己，要不斷提昇自己，所有的發生都是來幫我推進度的。

更要記得提醒自己：外在的一切，都存在我們的內在；一切都只存在我們的內在，沒有什麼外在；一切都是自己的責任，要能勇敢接受自己。

接受生命裡的一切考驗，人生才會真快樂，當自己提昇了，生活裡的一切也就提昇了。為自己加油！也祝福一切生命可以更好！

➢ 筆落 2011 年 10 月 17 日 17:40:02。

從大殮到回顧

◎第一部　大煉

昨晚六點不到，我就到新竹慈場外面了，等到六點才進去慈場，我是第一個到的。玉梅師姊幫我開了門，我心想一個人都沒有？師姊順口說：你到了！就有人了！

進到偌大的廳裡，一個人站在鏡前立如松，隱約聽到三個字「寧靜海」。每一個人心裡都有一片寧靜海，找到了嗎？

死海　淚乾

雙眼注視立在鏡前的我，突然感覺好寧靜，最近講台下的我，話變得很少，也很安靜，但我知道這不是寧靜海，比較像是「死海」——心乾枯了，需要為自己加些東西進去；有時好想哭，但就是擠不出一滴眼淚。

昨晚是第一次，強烈且主動想到慈場，想到慈場好好大哭一場，但淚水還是沒有滑落。

想哭，會哭——此刻對我而言，竟是多麼奢求的一件事。哭點超低的我，竟然好長一段時間哭不出來。
這是我的生命狀態——想哭，但哭不出來了。

昨晚，為自己好好大煉（殮）了三個多小時，雖然還是不會哭，但感覺生命的狀態好多了。當我在轉動中軸時，傳導師要我去感受能量，感受自己的中軸，在那裡斷掉了，接不上來。

傳導師在旁感受著我身上的能量，輕聲問我：
政學！你是不是有件重要的事想做還沒做？
這件事不是個人的私事，而是件為公的事。

政學！你還沒有就定位，生命還沒有就這個位置，身上還擔負了好多重擔，慢慢把這些都放下。

這是傳導師給我的指導，我還需要點時間來感受這些傳達出來的訊息。

◎第二部　回顧

昨晚打開電腦，看著自己部落格上面的文章，突然想計算一下上面已經累積的文章數量。從去年二月到昨天為止，共有三百六十篇；如果把過去被我刪除的文章，也計算進來，我想應該有九百多篇文章了。

這是一段很長的路，更是心力的點滴累積。
這些年下來，我一直用文字分享自己的經歷；一直用文字來陪伴我關心、所愛的一切生命；一直用文字來讓自己在，永遠都在、持續關心。

這些文字是我自己生命的延伸，我不只分享感受，也是用生命在關心所愛。文字分享這件事，超越了生命死亡的限制。這份心意，即使在我生命終止後，仍然會存在。

活著　就是祝福

早上起床盥洗時，面對著鏡子裡的自己，我專注看著自己的眼睛，告訴自己：今天會是美好的一天！

每一天不管發生什麼沮喪或難過的事情，每一天都會是美好的一天。

活著就是一種祝福，要用心活過每一天，帶著感謝的心面對一切。

感謝有你！讓我可以一直用文字為愛朗讀，這份愛不只是情愛，也是對所有生命的關愛，這是一份暖暖的關心與陪伴！祝福你！

➤　筆落 2011 年 10 月 19 日 09:02:53。

把過去給下葬吧

楔子：臉書

今天又是美好的一天，不是嗎？把過去的自己給下葬吧！
這是前兩天，我在臉書上回覆一位畢業學生的話。
多少人一生帶著所謂的原罪痛苦生活，多少人一生走不出為自己捆綁的枷鎖。

我們帶著舊思維，走在相同的軌道上，好多的發生一再重覆，變得無能為力。慢慢地這些舊思維限制了我們的人生格局，讓我們無法活得更好，無法超脫轉軌向上，所以我在臉書上跟這位學生說：把過去的自己給下葬吧！

沒有過不去，到不了的！別再綁架自己了，從今以後，你就是一個自由的人、自由的靈，把那些還在限制你的枷鎖放下吧！

這些生命的對話，由學校教室延伸到生活，讓我跟學生的這一堂課，變得永遠不下課。

天天大殮　天天重生

把自己下葬，就是為自己大殮！而且天天為自己大殮，隨時整理更新自己，更新自己原本的思維，時時刻刻清理自己，最終我們看到的是一個天天重生的新生命。

感謝最近生活裡的發生與對待，幫我推了好大的進度，讓我可以更快放下。生活裡有些事情，尤其是傷心難過的事情，

我們很怕旁人提起,因為一想到就會難過,但是怕人再次提起,並不代表我們沒事了。

沒真正放下　就怕被提起

之所以怕人提起,是因為還沒有真正放下;放不下,情緒就沒有了結,只是變得沒有感覺而已。為什麼不給那個人或那件事一個真心擁抱,感謝那個生命或那個發生,帶給我們的祝福。

我常說:現在的發生,就是過去的未完成;沒有過去的那些不好,我們現在也不會這麼好。我們欠這些過去一個道歉,需要還過去一個公道,用感謝的心擁抱過去,而不是否定過去。做到真正地放下,就能不怕再一次被提起。

問問自己:我還怕被人提起的是什麼?
我會否定自己的過去嗎?
我什麼時候才要還過去一個道歉呢?
我什麼時候才要把過去給下葬呢?
我什麼時候才要當一個自由的人、自由的靈呢?

這一切的答案,只有你能回答,只有你能做到。
祝福你!也祝福並感謝我們的過去!

➢　　筆落 2011 年 10 月 20 日 07:56:56。

我向你道歉

楔子：回母校

昨天下午跑了一趟台北實踐大學，進行一場企業倫理的專題演講。結束後開車回台大找一位教過我的老師，我知道這位老師最近過得不太好，只想回去看看她，給這位台大老師加油打氣。

晚上在校園逛逛，這是我待了九年的母校，一路由大學讀到博士班畢業，有很深的感情。在公館吃點東西，回味些小吃，就返回新竹。

匿名信與 Mon

回到家打開電腦，又是一封署名 Mon 的留言，這是第二次留言了，是惡意的人身攻擊行為。

這封留言提醒我去感受自己的變化，過去我在做系主任時，也會收到一些匿名信。有些是針對系裡同事的，也有針對我個人的；對於這些匿名信，我是完全不處理與理會的，因為這是一個惡劣的行為，連名字都不敢寫。

這些躲在背後暗箭傷人的行為是不道德的，寫這些信的人，還要注意自己觸法的行為。

網路是一個公開的平台，部落格的留言也是，在網路上的行為有一定的倫理規範要遵守。

雖然用匿名留言，好像躲起來沒事一樣，但這些惡意的人身攻擊文字已經觸法了——這是從法律、倫理與道德的角度來看待這件事，現在的我，在看待這件事的角度不同了。

立如松與 Mon

早上在站立如松時，我把 Mon 這三個字放到中軸。我在心裡觀想這個生命，把大愛光的能量送給他。對！送愛、送光給這個生命，希望他可以更好！因為任何報復與攻擊的行為，都是對愛的呼求。

這個生命用這些行為，在呼求一份真正的愛；這個生命渴望得到一份真正的愛、真心的對待。我能做的，就是在心裡為他祝福，為他送愛、送光。

我想，我一定在過去曾經讓這個生命感到受傷，所以他才會如此回應我，是我自己的業力所感。

我沒有資格請求原諒，但應該還對方一個道歉。

Mon！我向你道歉

Mon：如果你有看到文字，如果你還願意，請你用 mail 告訴我，讓我知道你是誰，我會跟你道歉。寫了好幾年的部落格，難免會遇到這些事情，但是我一直相信，只要部落格上面的文字對人有幫助，我就會一直用文字來分享，這些責難都是對我的祝福。

人生在世，總希望找到一些有意義的事來做。

我是一個很平凡的生命，有著比一般人更多的不完美，我只

是想用自己有限的生命，為這個世界做點事而已，所以只要這件事，對人有幫助、對這個世界有幫助，就值得我一直做下去，做到不能做為止。

同時我也給自己加油打氣，是這些行為在護持我，讓我有機會反省與修正。感謝大愛光老師，教我學習送光給需要的生命，感謝這些生命，用他們身上的苦痛在寬容與成全我。

為一切不圓滿關係裡的生命，致上我深深的道歉。
希望我們可以一起努力，讓這個世界越來越美好。祝福你有美好的一天！

➢　筆落 2011 年 10 月 21 日 08:10:30。

放心地哭吧

楔子：起筆

讓自己的筆停了幾天，也幫部落格換了版面。

早上第一堂課結束後，第二堂課讓學生自修，人在教室內陪著學生，望著這群孩子的舉動。

昨天第一次在家裡找個空置房間煉和氣。

哭了！煉到最後，不自覺放聲哭了。想哭！會哭！是一件好美的發生。

感覺有些情緒放下了，感謝這些淚水的到來，這淚水裡有著我自己深切的感謝。

感謝這一路上，好多生命的護持與成全。我們因著不同的緣分，在不同時刻交會相遇，只要現在還能在一起，就要非常的感謝，因為我們彼此是在過去世裡相約而來的生命。

我們是相約而來的

每一個跟我們相遇的生命都是帶著願力而來，是發願來護持我們的，是相約來成全我們的，只是我們還無法看懂這個生命的願意與存在。

當我們有一天明白了，明白這個生命如何一心一意地看顧我們，甚至於犧牲了自己的一切在看顧我們，會有那麼一天，當我們看懂這一切時，內心只會生起深深的感謝。

因為對方把什麼都給了我們，完全沒有保留，這一份感謝之情，就是一種關係圓滿的到來。

虛空中的大愛光老師説：放心哭吧！

身在哭　心在笑　靈進寧靜海

感覺身體在哭泣，但身體裡的老靈魂在微笑，因為靈魂之間終於可以好好溝通與被了解，那些不被了解的、被人誤會的、被人扭曲的，才是對自己最大的傷害。

放心哭，就是在清理自己，就是在清理靈魂積累在裡面的東西。

當我的心裡難過時，我就帶著自己煉和氣，讓情緒隨著淚水而釋放，跟老靈魂連接上，這就是大愛光老師説的：寧靜海入口。

難怪第一次聽到「寧靜海」這三個字的時候，自己的內心莫名湧出一股激動想哭的情緒。好感謝這些自眼眶滑下的淚珠，這些都是一顆顆成全的大恩情。祝福你！感謝有你！

➢　筆落 2011 年 10 月 25 日 10:14:19。

百篇足跡 6

與師相認
大愛光老師新竹區關懷

與大愛光老師在新竹區關懷時相認(2011.10.25)。

提昇到靈性層次修煉行願

楔子：老師來了

10月25日大愛光老師親自到新竹慈場關懷同修，跟同修對話，也回答了同修的好多提問，我專注聽著大愛光老師的每一句話，沒有任何發問，因為我自己很清楚為什麼如此——「知道」這件事，對我從來就不是一個問題；但是「做到」這件事，自己還需要用心來達成。

為何來和氣大愛

有好多年，我已經不再加入什麼成長團體，不再學這個、那個，跑這個道場、那個課程，因為我很清楚，該知道的法理都已經夠用了，這個階段，我就是要開始修煉、轉化與行願了。

我一直在問自己：我為什麼會到和氣大愛？我這一生所為何來？老靈魂的心願是什麼？
接觸和氣大愛之法，學習修煉行願的功課，是接續自己過往在其他基金會的學習。

來到和氣大愛，對我是進到另一層次的學習，直接提昇到靈性層次。

透過修煉行願來轉軌，直接經由身體到靈魂，再由靈魂進化到靈性，由認知、觀照、覺察到轉換的生命進化過程，我心裡明白，來到和氣大愛的學習是為什麼。

明白護持恩　願轉化一切

在聆聽大愛光老師分享自己故事的當下，我明白一件事，那就是：什麼是護持的恩情——尤其是我們身邊的親人，以及愛護我們的人，他們甚至會捨身救我們，護持血脈的傳光人。

我終於懂了：家庭的破碎、孩子的叛逆，情愛的缺憾、關係的不圓滿，都是對我護持的恩情，沒有這些生命在護持我，在一起幫我推進度，我不會走進和氣大愛，不會成為血脈傳光人——是這些生命在護持我，幫我推進度，要我加油。

當我看懂這一切時，當下我好感謝！眼眶裡早已經是滿滿的淚光，我會好好加油，把握這一生的再來，把這一條命好好使用。面對自己目前的許多功課，我會先把自己給修好，把自己的狀態調到最佳，再用無形願力轉化一切。

除了靈性成長的理念之外，大愛光老師還教導很多的功法，例如，如何用正確的踏步功法，來化掉身上的強烈占有能量和生命模式。

老師說　我專心聽

大愛光老師說：人與人的關係發展有七個階段——第一階是渴望愛；第二階是討愛；第三階是求愛；第四階是牽纏；第五階是綑綁；第六階是占有；第七階是完全淪陷。

踏步就是在學習倒退回去，由占有開始化，慢慢地不占有、不綑綁、不牽纏，一直到不缺愛。

大愛光老師又説：在這世上只有一個病症。那就是缺光症，當我們缺光時，自然百病纏身、憂鬱寡歡；學習送光給自己，送光給周遭的一切生命，沐浴在大愛光裡面，身心靈自然得到療癒。

大愛光老師跟同修説了好多話，在台下的我，只是專注聆聽著每一句話，這些智慧的法語，不用刻意記誦，自然聽得懂，在今天的分享裡，用自己的文字寫下這些感受。

祝福你！也將大愛光送給有緣的你！

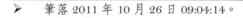

➢ 筆落 2011 年 10 月 26 日 09:04:14。

十年一樹

楔子：澆水　補樹

難得這個星期四沒有安排事情，下週當然有，所以昨天送完孩子上學後就直接開車回卓蘭。今早起來為樹澆水，也種了幾棵澳洲茶樹苗，還有補了幾棵山櫻花、烏心石與黃金串錢柳，十點多由卓蘭家裡，再開車回到學校研究室，因為下午及晚上分別有課程要講授。

卓蘭電腦當掉了，使得對外的網路全部關閉，想想這樣也很好，另一種跟自己相處的模式。只是回到研究室，一堆的信件與事務待處理，處理好了，隨手用文字分享些想法。

第一個十年

記得在我二十多歲時，我接觸了佛學與禪學，就只是喜歡這些看似簡單但其實深奧的法理，沒有想過要用這些法理來解決我的什麼問題。接觸就只是有緣，沒有想要從中得到些什麼。

接著在埔里台灣靈嚴山寺，皈依妙蓮老和尚，五戒、菩薩戒都受傳了，也打了禪七的修煉，但留在身上的叛逆性格，並沒有因此而收斂——我還是不受教，回到生活裡還是智慧不具足。

第二個十年

過了十年，我已經博士畢業在大學教書了，一個因緣際會，

我接觸了圓桌教育基金會，圓桌的課程讓我重新點燃了當老師的熱情，就這樣一路由一階課程，完成了四階課程。

接著回到圓桌當學長，帶領新進課的學員，這是不同的學習與成長，讓自己更為不同。很感謝在圓桌時，江老師與王老師的教導，讓我對自己這一生，有更為清楚的了解。

懂得成為別人的需要，去關心慧命的傳承。懂得帶走更好的自己，不再重覆相同發生。懂得塑造無為的環境，願意主動承擔一切。懂得成為老天的工具，一生樂於助人成為。
回溯當初會接觸圓桌課程的想法，還是沒想要得到什麼。

第三個十年

又過了十年，今年來到和氣大愛這個團體，是一位師姊介紹答應人了，就到新竹慈場，我還是沒有帶著問題，沒想要得到什麼東西，結果一接觸到立如松、大愛手，受傳和氣之後，我就明白自己為什麼會來到和氣大愛修煉行願。

感謝這半年來，大愛光老師、傳導師、光團導師，以及所有師兄姊的護持。這是老天的慈悲，更是許多生命的護持與成全。老靈魂多年的心願，終於等到可以實現的一刻。

我該受教了

我是該好好受教了！我沒有幾個十年可以任我揮霍，我沒有時間了。人生在世追逐的一切人事物，終究還是會過去。我們無法帶走任何珍愛的人、珍貴的東西，我們只能帶走一個更好的自己，大不同的自己。

我會提醒自己：雖然我帶不走什麼？卻可以想辦法留下些什麼？

我們可以留下一些對人的影響，好的影響力，讓這個世界可以越來越美好，當下即是淨土。

這是我們可以努力的，也可說是唯一的努力，留下這一生對人的影響，一份向善向上的影響，這就是對人慧命的關心與傳承，也是我們可以給人最好的禮物。

祝福你！願你可以有一個不一樣的十年！

筆落 2011 年 10 月 28 日 14:05:15。

弄好自己

楔子：讓你抄

早上前兩堂課是企業研究方法的期中考，我的考試全部都是採 open book 的方式，也就是說想帶多少本書或小抄進教室都可以，只怕學生還是不會回答，根本沒用、沒得抄。

我那幾題簡單到不行的題目就夠學生寫不完，考倒學生一點都不難，但是根本沒有必要。把學生教會、教懂，才是真正困難的事情。

在最後的十分鐘左右，我放了自己部落格音樂，在音樂聲中提醒學生，快到收考卷的時候了，我試著用美妙的音樂，取代老師催收的聲音。我跟同學說：這首音樂結束後，請繳交考卷。

結束早上考試到現在，整個時間都在改文稿，把九月份首場倫理沙龍分享的聽打文字草稿重新整理與修改，拆成六個小主題的短文，方便助理日後發行電子報時可以編輯使用。

下週四，桃訓中心的委託計畫也要期末審查，電子檔裡上百頁內容，看得我的眼睛花了，年紀有點了，眼睛盯著電腦螢幕過久累了，休息一下，隨手敲打鍵盤文字。晚上到新竹道場學員班會，跟著光團煉和氣。

碰撞　沉澱

活裡繞著好多大大小小的人事物境，如同煉和氣時相互碰
的不同生命，這些人事物境在幫我煉和氣，煉身上的定力。
何在來來去去的生活裡，找到心靈的平靜，生活裡發生的
，在考驗心還可不可以平靜，用一顆平靜的心，沉澱生活
遭的一切發生。

活就是這麼有趣，用事靜心，用心淨事，所謂：心靜事淨；
不淨，更是要靜下心。

一年來，身邊的事情沒有少，反而變多，跟在我身邊的孩
很獨立，可以照顧自己。做父親的我，常常感到歉疚、愧
孩子，或許這是我們成為一家人，共同要修的功課。

謝——有圓滿的機會

謝孩子對我的容忍，讓我還有機會可以做事，我現在能做
，就是弄好自己，先圓滿自己，讓這份無形願力，自動將
遭的關係也圓滿。

當我快要不行、情緒上來的時候，我都會提醒自己：加油！
好自己來！因為我知道，弄好自己就是弄好一切的關係。
備離開學校了！祝福你！

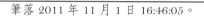

筆落 2011 年 11 月 1 日 16:46:05。

本來無一物

楔子：驚醒

今天早上睡到七點多才驚醒，趕快叫醒小兒子起床，因為□
學遲到了。孩子當然怪我說：都是您！沒有叫我起來，我□
到要被老師罵了！

餐盒沒有洗就出門，七點半到校門口，外頭已經沒有導護□
員，看著他著急進了校門，我開車往學校上課。
坦白說：孩子怪我時，我有點不高興。

後來想想，孩子跟著我生活，夠體貼了，為了送小兒子上學□
規定七點十分到校打掃，我不管有課或沒課，大概六點不□
就起床。有時自己弄早餐，有時前晚買好現成麵包，能為□
子盡點心力，不苦，感覺人很踏實。

九吋的晚餐　　孩子的成全

昨晚到新竹慈場煉完和氣後，買了二個九吋披薩加可樂，□
兩個兒子一起吃──這是我們父子的晚餐，已經是晚上十□
半了，二個披薩不夠三個男生吃，我吃不多，留給孩子。

我開玩笑說：對不起！爸爸不知道九吋這麼小，下回我買□
個特大號披薩，我們吃到撐過過癮。

看著這兩個兒子，我知道他們在護持我到慈場，他們讓我□
以放下心，不用擔心孩子自己在家。過幾天有三天的班會□

參班，孩子還是自己來，這是一家人之間的成全，一切都是護持的恩情。

本來就沒有　何需消化解

昨晚在慈場立如松時，播放大愛光老師法語時，有句話讓我想了好久，聽到的時候，心好感動。

大愛光老師說：本來就沒有，何需去消、去化、去解！好想哭！一直在參這句話。本來就沒有，一切都是內在這面鏡子的投射。

這面鏡子就是寧靜海，也是我們本來的樣子，這些需要去消、去化、去解的人事境，都是漂在這片寧靜海上面的一些雜質，不屬於這片寧靜海，不是我們本來的樣子。但我們老是追逐這些不是我們本來的東西，而且還把這些東西當成這一生的終極目標。

為了得到這些東西，我們想辦法去爭奪；為了占有這些東西，我們想辦法抓更緊。面對關係裡的苦痛，我們想辦法消除；面對關係裡的衝撞，我們想辦法化掉；面對關係裡的糾纏，我們想辦法解開。

是啊！我一直覺得：自己有好多關係不圓滿，需要去消、化、解；自己有好多東西，需要我去消、去化、去解。

我把這些東西都當成愛人，生命一直放不下；我把這些東西都當成敵人，生命一直對抗著；我覺得這些關係一定要怎樣，才叫做圓滿。

本來就圓滿　本來無一物

我錯了！本來就圓滿！本來無一物！

這些漂在寧靜海面上的東西，是來映襯這片海，是來彰顯這片海，是來提醒我們本來樣子多美。這一切早就圓滿了，當我們的心容受這一切時，這一切所謂的不圓滿，早就消了、化了、解了。

因為我們的心，可以看一切平等，沒有分別心，沒有不圓滿的關係，一切關係早就圓滿。我們不是在修如何將不圓滿修成圓滿，我們是在修如何看一切平等，修無分別心。

當我們看一切無分別時，哪還有圓滿或不圓滿？當我們回到內在核心，找到心中那一片寧靜海，一切還漂在海面上的東西，會自動轉化為水滴，會自然融入這片寧靜海，一切只有寧靜海。

這是昨晚當我聽到大愛光老師法語時，在我身上的體悟，是我目前的了解。當心可以容受一切，看一切無分別時，一切關係早就圓滿了，好美！祝福你！

➢　這一片心法，是 2009 年 4 月發行的有聲書：寧靜海。

➢　筆落 2011 年 11 月 2 日 09:42:13。

這一天

兒子：兩難

晚在學校進行經濟學期中考時，家裡兩個孩子的互動出了
爭吵，我很著急，但學生在考試又走不開，只好一直用手
跟小兒子對話，讓孩子知道爸爸一直在，他並不孤立無援
——試著在電話這頭，用談話來安撫孩子情緒。

試結束後立刻回家，途中再用手機連絡，明白孩子情緒好
了，買了些東西回家吃，利用父子三人吃飯的時候，跟孩
談談話。

和氣照顧　隔空祝福

把脾氣壓下來，沒有對大兒子說太多重話，我明白這孩子
樣子，是我過去的對待。雖然孩子要學會為自己負責，但
這個父親沒有需要責難太多。

我無法分身，置身現場處理事情時，幫現場人事境做和氣
顧是我的方式，會用這股無形的力量去轉化現場能量。

去參加會議、進行演講、任何場合，只要有需要，我都會
和氣照顧來祝福。這是一種隔空祝福，祝福全世界每一個
命，這也是對冥陽兩界的祝福，沒有生死的分別。

會跟自己說：我是來修眼前這些問題的，眼前這些問題也
我修來的。我給了孩子考題，孩子也出考題給我，這一切
背後，都是家人之間的成全。

生活裡我們為別人做的一切，其實也是為我們自己做的。相對的，我們無法為別人做到的，也就無法為自己做到。

所以，我們為所愛的人做的一切，其實也是為我們自己做的我們無法為所愛的人做到的，也就無法為自己做到。

盤點身心靈

記得在學員班會時，自己在做生命盤點，盤點這一年下來自己身心靈有哪些改變。

身體不舒服的部位，有沒有獲得改善？心情上是否有不同情緒管理變得如何？靈性上是否有更深體悟，有哪些細微化？如果還沒改善為什麼？是不是哪裡還沒好？

我盤點了一下我的身心靈──身體狀況：睡眠品質較佳。方面：情緒較平穩，脾氣有改善。靈性層上：知道逆境在自己的生命推進度，做事集中度高，法語體會深刻。

有待改善的部分，身體狀況：右手無名指麻，右小腿麻痛狀況還未好，最近有惡夢，或出現兩極端的夢境。心方面親子關係待努力，情感抓取，有放，被抓情況未改善。靈層上：願力尚未展現，生命還沒有實現願景。

謝謝您的關心

昨天下午幾位女老師在研究室跟我分享經驗，這些都是關我的好同事，希望能幫我些忙。每個人都有各自照顧孩子媽媽經，我是一位大男生，帶著兩個半大不小的男生，媽特有帶孩子的方式，是我欠缺的。

我沒想太多，畢竟每一個家庭的情況不同，每一個生命選擇投身到不同家庭時，都有他們這一輩子要去修煉的課題，要能用心對待每一個生命，不斷修正對待，慢慢去看到這個生命的真正需要。

想著　卓蘭樹

早上幫小兒子做大愛手，再送他去學校管樂團練習，預計十點多帶他跟大兒子一起回卓蘭的家。昨晚夜裡竹東下起雨了，想到卓蘭應該也會有雨，老天幫我先為久旱的植物澆了水。

我幾乎每天夜裡三點都會醒來，一個人坐在床邊，靜靜望著周遭一切。這一切早就圓滿了，我沒什麼怨言；這一切都是來修的，這一切也是修來的，這一生至少我努力做到我承諾過的了。

故我們說過的，說我們做到的，是我對自己的提醒，也是對自己的期許。大愛光祝福你！

筆落 2011 年 11 月 5 日 09:06:52。

要能活得更好

楔子：空一半的教室

今天早上的兩節課，八點十分開始，人來到教室發現至少有一半學生還沒到。發了期中考卷後，半小時已經過去了，還是有二十多位學生沒到課。

望著課堂上學生的眼神，想著那些沒來的學生，我突然明白為什麼會來當老師，我的心很平靜。對一個老師來說，不能讓任何一個學生掉了，這是我對自己的期許，也是一位老師的天職。

昨天跟這班導師談了話，發現這班學生快掉了，幾乎教這班課的老師都有發現這班學生目前的狀態。

今天天氣微涼有雨，是一個很好睡覺的天氣，相對要學生從被窩裡起來上課，是件困難的事。或許是因為這樣，所以讓今天第一堂課的缺課比率偏高。

我的用心　拉你回來

下完課特別又到該班導師的研究室談了一下，我們都希望把這個班重新拉回來。這些都是年輕美好的生命，應該充滿活力才對。

今天早上進到教室，感受到整個班的上課狀態，我明白自己要更用心去帶領這個班的孩子。

這狀態是不同於同一年級，另外一個班的狀態；在那個班上課，根本就不用特別去接與拉學生，整個班上課的氛圍是很子的，互動狀態很好。

今天早上這個班完全不一樣，需要特別加把勁，我跟這班學生開玩笑說：你們有沒有覺得老師今天特別有活力？說話的語調，肢體的動作，眼神的關注都不一樣——因為老師在拉整個班上來，你們好多人都快掉了。

站在講台上的我，只能用更好的狀態來面對學生，我身上沒有絲毫的怒氣，倒是有很深的不捨；不捨這群年輕生命眼神裡透露出來的徬徨與無助。

生命　要能活得更好

我放下課堂的知識傳授，跟這群孩子做些分享。

我說：只是活著還不夠，生命要能活得更好。

怎麼樣活得更好呢？

首先，要能讓自己專注當下，專注用心在每一堂課上面，就是好好上課就對了。

你們會不會覺得每一天只是無意義的重覆，是不是有些同學早就覺得生活無趣，重覆很久了？要能檢視自己的生命狀態，有沒有什麼改變？

今天的我，跟昨天的我，有什麼不同？有多大的不同？

經營生命　創造不同

這些不同，就是我們在管理學上面談到的效能；在人生經營上面，效能就是創造出生命的不同。

我們這一生的修行，用一句簡單的話來説，就是創造出生命最大的不同。修行就是讓自己不同，修行就是發揮效能的極致，創造一個大不同的自己。

專心上課就是在維持住自己每一天的狀態，這個狀態會讓每一天的自己開始變得不同。

生命開始移動了，不再停留原地，不再無意義重覆。這一點一滴的移動，會積累出更大不同的生命價值，這就是在過一個有效能的生活，在創造生命的不同。

我對這群學生説：好好上課，就是在做一件有效能的事情。好好上課，就是在創造一個不同的生命。我説：這是今天老師跟你們的分享，祝福你們！

➢　　筆落 2011 年 11 月 8 日 11:07:59。

漩渦中的安逸

楔子：老師 我不懂

一個學生說：老師！一開始我看不懂什麼叫掉了？

心裡在想：會不會老師寫錯字了？但是往下繼續看文章時，終於看懂什麼叫掉了。

一個當老師的人，不能讓任何一位學生掉了。一個都不能少，要護持每一位學生的第一念。

這個第一念，就是在這孩子身上最初的發心。通常第一念，會是這個生命想要向上的願力。沒有一位學生不想振作，但需要老師在旁護持，所以說：當老師的人，不能讓學生掉了！

談——效率與效能

課堂上談到管理學上面的兩個名詞：一個是效率，一個是效能，我常問學生差別是什麼？我想把這兩個名詞，跟在和氣大愛的學習放一起談。

用管理學的角度來說，所謂的效率，就是把事情做對，是一種執行力，比較強調速度，是投入與產出之間的比率關係；如果能用最少的投入，而能得到最大的產出，我們就說在這件事情上面，做得很有效率。

企業一直想要提高效率，希望能越快越大，但是做的還是相同的一件事，並沒有不同；還是站在原點，只是越做越快、越做越大而已。

所謂的效能，就是做對的事情，是一種前瞻力，比較強調方向，是企業經營上變動的距離。如果企業營運的現在跟過去，有很大的變革，我們就說在這件事情上面，做得很有效能。

企業要想辦法提高效能，創造更大的不同，這已經不是在做相同的事情，開始不同了，企業經營開始移動方向，開始創造更大的不同。

大愛光老師說：繞在我們人事境中的煩惱與困頓，或是享受安逸，以靈性成長、生命能量來說，都只不過是在繞圈子。在一個漩渦裡面繞，都是在原地打轉啊！

這就好像剛提到的效率，努力追求更大更快，但忘了思索人生的方向，只是在原地打轉啊！

生命沒有軸心　無法向上提昇

生命一直不斷地繞，生命沒有軸心，無法向上提昇；生命的原地打轉，就像水波的漣漪由圓心向外擴散，但還是同一種模式、同一種能量、同一種振動頻率，在繼續擴大而已，最後只是捲入更多的人事境。

所以，只會遇到更多相同的發生，故事情節沒有變。只是在這場人生劇本裡，多加一些相同的人與事，這些相同的發生，每天都在我們的生活裡上演著。不是讓我們一直安逸地活著，緊抓著以為的幸福，就是讓我們一再痛苦地掙扎，掙脫受不了的傷痕。

安逸讓我們不想要清醒，掙扎讓我們一再被撕裂，我們的生命還是在相同高度，只是一再繞圈打轉。對我們的一生來說，效能的重要性遠大於效率。

效能是一種生命的位移，已經不在原地打轉了；效能是我們生命的軸心，這個圓圈開始有軸了。生活裡雖然有許多人事竟繞著，但生命有軸心。生命終於可以自己做主，生命有機會轉軌向上。

老師想辦法　你也要會跟

那怕遇到再大的人事境，生命都不會被帶走。我們不會把自己掉了，我們也才有能力不掉人。我開玩笑跟這位學生說：老師會想辦法不把你掉了，但是你自己也要會跟才行。

就像我自己一樣，沒有「慧根」也要「會跟」。會跟其他資深同修學習，不斷帶出生命主軸，會跟大愛光老師的智慧，不斷引領生命轉軌。這是今天早上的分享，祝福你有美好的一天。

▶　筆落 2011 年 11 月 9 日 09:12:24。

用文字　陪伴有緣

楔子：如果可以的話

如果可以的話，我幾乎每天都會用文字分享；沒有辦法用文字時，就用我的說來跟人分享。我願意用文字跟一切有緣的生命分享，因為這些生命有我愛的人，也有愛我的人。有我曾經教過的學生，有我修煉行願的同修；有一直關心我的朋友，有從未謀面的有緣人。

部落格上面的文字，是我對這些生命的問候，是我對大家的關心，我選擇用文字來陪伴。雖然做這一件事要花時間，需要持之以恆，但這一路上得到最多的人，其實是我自己。

寫給陪伴的人　講給需要的人

看起來好像是我用文字，來陪伴許多生命走過他們各自遇到的難題，但是實際上是這些生命，用他們的回應與支持，在幫我推進度向前。好幾次想從此封筆，想要把自己給關起來，但我總會想到：不可以！有人還需要看啊！

就像我站上講台時，有時會累到不想說話，但我總會想到：要加油！有人還需要聽啊！只要還有人需要看、需要聽，我就會一直寫、一直說，一直到生命終了。

有時候寫文分享，不是因為自己需要寫，是因為有人需要看，有人等著這些文字。有時候教書演講，不是因為自己需要說，是因為有人需要聽，有人等著這些話語。沒錯！是這些生命

在幫我推進度,而我自己呢?也不過是老天的一個工具。

老天教我　老天留我

我的寫與說,都不是我自己的智慧,這些都是老天與許多生命教會我的東西。我只是一個工具,分享著這些生命體驗,如果沒有這些生命的在,沒有這些需要,我老早就把自己掉了,不知道此刻人在何處?

看完下午的開會資料,還有點時間分享心情,明天下午協進會在台北有場倫理沙龍要舉行,秘書長的角色,推著我需要去到會場上,去關心研習會的進行,去護持整個活動,跟來自不同大專校院的老師交流與互動。

這是這幾年下來,我一直在做的一件事,就是推動國內的企業倫理教育。所以只要有任何需要我的地方,我都會想辦法把自己帶到那個地方。

常常一個人開著車跑來跑去,沒有太多想法,我明白這個角色的扮演,也是在幫我推進度。

是啊!所有一切的發生,都是護持的恩情;越大的苦難,推動我們向前的進度就越快。

外頭的雨還是一直下著,望著偌大的天空,天有點冷,但心是暖的。祝福你!

▶　筆落 2011 年 11 月 10 日 11:29:58。

單親　可以很圓滿

楔子：晨間的咖啡

今天早上七點十分孩子就到學校了，送完孩子返回家裡，想泡杯咖啡喝，結果咖啡沒了，頓時有點不太習慣。四處找有沒有三合一的咖啡包，早上喝黑咖啡，成了一種習慣，重要的是，當沒有黑咖啡時可不可以。

我們對很多的人事境都有不同的習慣，當這些人事境失去時，我們會倉惶失措。我們在緊抓這些東西的同時，我們其實也慢慢在失去。

檢視關係

我的班導生中有一些是單親家庭，我的學生中也有一些是單親爸媽；不管是單親爸爸，或是單親媽媽，都是比一般的爸媽，更為辛苦。最辛苦的，還是這家庭裡的孩子，因為他們要承受父母做的選擇。

這些單親爸媽常面臨一些壓力：就是要如何改善親子關係？要不要重新給孩子一個完整的家？要不要破鏡重圓？還是另結一次婚姻？如何改善親子或家人之間的對待關係，一直都是這些單親家庭要面對的課題。

學生問我要如何改善這不圓滿關係時，我也認真想過這些問題，我反問學生：你為什麼覺得單親家庭，就是不圓滿？你為什麼認為單親孩子，就會有問題？

學生說：社會上的認知不就是這樣嗎？
我回說：是啊！你說得沒錯！
重點是，你自己呢？你覺得呢？

有多少家庭為了不同理由，夫妻沒有離婚，表面上維持著婚姻，孩子看似有完整的家，但是這樣的家庭，就是所謂的圓滿嗎？在這樣家庭裡長大的孩子，就一定正常嗎？能不能不要用這樣的角度去看待單親家庭。

單親關係，也是一種圓滿的關係。

在這個關係裡，每一個人都有各自的功課，不要老是用不圓滿、不正常的分別心，去看待這樣的關係，單親可以很圓滿。
重要的是，在這關係裡看見了什麼？

你能不能看見：
自己在原生家庭裡，你跟父母的關係？
你跟父母的關係，就是孩子跟你的關係？
夫妻對待的關係，也是你跟父母的關係？

單親中　看真相

一切關係的起源，來自你跟父母的關係。

單親關係，讓你有機會看見自己的問題，讓你有機會把整個血脈關係重新建立好，所以，單親家庭裡面的每一個成員，都是來成全彼此的，背後有很深的因緣，不是只有一般社會的道德框架認知而已。

記得昨天的分享裡提到一句話：不為發生反應，只為結果行動。去責備誰對誰錯，去比誰比較辛苦，去怨恨報復對方，去相互拉扯撕裂，都只是在對發生反應而已，完全不濟於事。

單親家庭可以很圓滿，不要用分別心看待。
單親家庭的孩子很正常，不要用分別心對待。

心無分別　關係圓滿

別老是想著如何逃避單親的關係，別總是想著如何填滿單親的空缺。當我們用無分別的心看待一切時，一切的關係，早就是圓滿了。

用更多的愛，去擁抱單親的關係；用更多的愛，去接受孩子的叛逆；用更多的愛，去感謝一切的到來。祝福一切單親家庭關係圓滿！

➢　筆落 2011 年 11 月 11 日 09:02:52。

火焰木的啓示

楔子：樹倒了　樹活著

回到卓蘭家時，車子總是開到屋右側停放，發現園裡由小苗長大的火焰木倒在車道上。趕忙停下車拿把鋸子把上方支幹全部鋸掉，再合力把這棵樹的主幹扶起來並加以固定，相信這棵大火焰木會繼續存活長大。

連著幾天雨水把樹下方的根部土壤變軟了，加上樹木上方的支幹，一直偏右向外擴展，所以整個棵就往右邊傾倒，而且整個連根拔起。

火焰木老師　三個看見

第一個看見，當樹木主幹還不夠粗壯時，上方支幹不宜過多；不然頭重腳輕，樹木很容易因強風大雨而倒下。之前有想到要修剪上方的支幹，但還是來不及，所以不能光想，要立刻行動，這是第一個看見。

第二個看見是，人也像樹一樣，要時常修煉自己，不能像這棵火焰木一樣，自滿於樹幹的筆直高大，行事作風要能夠低調收斂，一步一步地穩扎穩打。

當一個人自滿於自己的成就時，很容易招人詆毀，在樹木追求向上長高時，要注意底部根基是否穩固。因為樹木要想長多高，底部的根就要向下扎多深，這是樹木成長的法則，也是為人處世的原則。

第三個看見是，人活著時向善，死去時也會往善倒。這棵火焰木偏右成長，所以當樹倒下時也會向右。一個人如果心是向善的，當這個人死去的時候，生前這一股善的傾向，會把這個人拉往善果地，這就是人為什麼要勤種善因，要有向善的動機。

我修　我剪

當我回到卓蘭家裡時，喜歡植栽幼苗長成大樹，喜歡不時修剪樹枝，而且該修剪時就果決剪去，也喜歡除草流汗，把雜亂幾近荒蕪的草地整好。

在單純的園藝勞動中，是動手植栽，也是種下自己對土地的善因；是修剪樹枝，也是修正並收斂自己的自滿；是除草整地，也是拔除雜念、恢復光明地。

望著園裡的一草一木，皆是我可以學習的老師，而生活裡的一點一滴，皆是可以啟發我的智慧。

感謝那一棵倒下的火焰木，教會我用智慧的眼來看見生命裡的一切教導，也祝福全世界的每一個生命！

➢　筆落 2011 年 11 月 14 日 09:54:36。

多久沒有整理了

楔子：進入冬藏

目前在學員班會中，是第四階段的課程，在經過秋收之後，進入到冬藏的階段。最近班會的共修時間，都是分享修煉成果，也就是對自己的身心靈進行盤點的工作，檢視自己在這一段時間內的改變與看見。

師問

昨晚大愛光老師解說大愛光入門班會更為深層的意涵，問了同修一句話：你們的生命有多久沒有整理了？
好美的一句話，當下的我好感動，這一句話，不斷叩問著我的心。

是啊！我好像有段時間沒有整理生命了。
問問自己：我的生命多久沒有整理了？

我們平常會不時整理家裡，整理房間與廚房，整理平常工作的環境，整理手邊的資料檔案，但是我們有整理自己的生命嗎？怎麼整理？
有多久的時間，我們沒有好好整理過生命？

還記得嗎？我們的生命，也是需要被整理的。在我們的身體裡面，住著一位老靈魂，這位老靈魂的本願是什麼？你知道嗎？

我問

問問自己：
我現在的生活是我想要過的生活嗎？
我現在在做的是我想要做的工作嗎？

我快樂嗎？為什麼我感到幸福但不快樂呢？
如果都不是，什麼是我想要的生活與工作？

什麼又是老靈魂想要去做的本願呢？
知道這個本願，為什麼沒有行動呢？
我的生命出了什麼問題？為什麼不快樂？
我們需要常常整理生命，跟隨老靈魂的本願，這是我們這一
生再來，想要圓滿達成的心願。

只有當我們的生命願景可以被實現時，我們才會真正快樂，
因為這是我們想做的事。問問自己：什麼是我的初發心？什
麼又是我的本願？

還在壓

昨晚在煉和氣時，一股很大的力量由裡面出來，我明白這股
力量還沒有完全爆發出來，我還在壓抑情緒，還在壓我的老
靈魂，我需要更大力量來啟動這個沉睡好久的老靈魂。

在轉動的過程中，我不斷跟許多生命碰撞，每碰撞一次，就
是化掉一部分的負面能量；每碰撞一次，就是放下一部分的
執著能量。

有一段時間，我感覺自己的轉速突然緩慢下來，一股好大的力量把我往下拉，雙腳變得好沉重。當下我在想：怎麼會這樣？我一向轉得好順的。我明白在身體內的深層慣性，被碰撞出來了，老靈魂拉著我跟地心連結，要我好好實現本願。

土味的我　想媽的孩子

從小我就跟土地很親，喜歡光著腳踩著泥土，長大後在卓蘭農地上，我還是喜歡玩土植栽。土地跟我有很深的感情，我是位十足土味的人。

煉完和氣，在回家路上想到往生十餘年的母親。我想念她，我好想好想回家！

跟地心連接，是老靈魂要我好好行願；人好想哭，是因為心還在找母親的愛。如果可以的話，找個地方讓自己靜下來，然後問問自己：我最想要做什麼？想過什麼樣的生活？

好好整理你的生命，相信可以找到答案。祝福你有美好感動的一天！我愛你！

筆落 2011 年 11 月 16 日 09:13:00。

靈性成長的足跡

百篇足跡 7

參大愛光入門班
拆包。跪見恩師

與師相認　生命轉軌

楔子：首次參大班

上週五，也就是 11 月 18 日，我進入桃園慈場的大愛光入門
班學習，因為掛心家裡孩子，所以我都是開車來回。早上七
點送孩子上學後，直接開車到桃園慈場，上完課共修完，大
概晚上八點多再開車回竹東。

隨興──沒有規劃

第一天我帶著沒有準備的心進入慈場，其實我的光團導師也
沒有跟我對話過，沒有幫我整理過生命，後來到慈場才知道，
原來我是新竹區唯一沒有被約談整理生命的。

傳導師很慈悲，本想當場幫我整理生命，結果先幫另一位師
兄整理完後已經沒有時間了；其實我也很自在，並不知道為
什麼要整理生命，或許我老早就一直在整理，也知道問題的
所在──這就好像我的人生，完全隨性而至，沒有規劃。

玩得很順的戲碼

師姊告訴我，第一天早上八點半前要到慈場，我八點多到停
車場，還在協調處理基金會的事情，八點三十分左右才進到
慈場準備要上課。

這就是我，不到最後一刻不會把作業寫完交出來；我一直都
是到最後期限截止前，才慢慢交出東西，可是無論如何，我
就是趕得上繳交作業的期限。我玩著自己這一套玩得很順

，不覺得有什麼壓力。

所以在我進入課程之前，並沒有人幫忙我整理生命，我是在課程當中，跟著大愛光老師與傳導師直接整理自己。

我哭不出來

第一天上午的共修時間，我分享自己的感受。

我說：「我不知道自己為什麼哭不出來？其他的師兄姊，好多人都感動，並且哭到不行，但是我就是沒有哭，頂多眼眶泛紅而已。」

傳導師問我：「政學！你為什麼哭不出來？」

我說：「我的淚流乾了！聽到這些哀嚎大哭的生命，我的心很平靜，因為我不知道經歷過多少次了，我的眼淚流過無數次，也問過老天無數次為什麼。」

我說：「聽到這些哭聲，我很熟悉，也很平靜，師姊！這就是現在的我，政學不會哭了。」

滄桑嗎？狼狽嗎？

共修中，我聽到另一位師姊針對我的分享。

她說，第一次到新竹慈場看到我的時候，她很訝異認為：怎麼會有人看起來如此滄桑？真的！整個人滄桑到不行，整個人好暗、好狼狽。

這是我第一次聽到別人對我的印象，是用這樣的方式來形容我，我真的很訝異，因為這不是我，完全不是我內在老靈魂的樣子。

第一天就這樣結束了，我的心沒有太大感受，我沒有哭，整

個人很安靜。晚上八點多離開慈場，然後找了幾個地方買吃的，買東西回家給孩子吃，那時候晚上快十一點了。

開罵 炸開了

我累了，回到家兩個孩子有點口角吵了起來，後來我加入戰局，先開罵了小兒子，再罵大兒子，小兒子一臉委曲樣子，大兒子則是跟我正面槓上，不論我怎樣壓脾氣，就是忍不住要開口罵人。

就在這一來一往，父子相互咆哮過程中，我看到這一天下來壓抑的靈魂受不了爆發了，我全身火力十足，但是跟大兒子起完衝突後，內心好難過，也很自責，我開始喝酒。

一路哭回慈場

喝完酒洗了澡，帶著微醺的感覺去睡了，這是我這幾年下來的慣性，這不是老靈魂要的。早上我一樣帶著小兒子出門到學校練樂器後，直接開車往桃園慈場上課，就在北二高上面我的眼淚開始流下來了，一路上我哭著到慈場。

老靈魂受剮刑

進到慈場後，在上午的共修時間，我分享了感受，傳導師跟我說：「政學！你知道嗎？昨天我跟大愛光老師開會時，大愛光老師問我，你們新竹區怎麼有一個人醉醺醺的，看起來就是歷經滄桑，老靈魂在受剮刑的煎熬。」

傳導師當時聽不懂，她看不出有這樣的人在裡面，聽完我的分享後，她才知道大愛光老師在說我。我的外表看起來很好

但內在老靈魂很苦，光看我的外表是完全無法跟大愛光老師描述的樣子連結。

用肉食——強暴胎裡素

傳導師帶著我，一步一步「拆包」，打開我的心。我提到我的孩子，因為我不會煮東西，也很忙，幾乎都是外食，或者買外面的東西回家吃。我結婚前就是素食，而且連蛋跟奶都不吃，結婚後一樣吃素十餘年，三個孩子都是胎裡素。

傳導師說：「你買葷食給孩子吃，等於用肉食強暴孩子。」孩子在跟我反抗，不完全是家庭父母的因素，用葷食給孩子吃，是更大的問題所在。傳導師帶著我在光中跟我的孩子對話。

爸爸對不起你們

我哭了，哭著跟孩子懺悔，說：爸爸對不起你們，爸爸帶著你們，我不會煮東西，又要工作賺錢，我不會照顧你們，尤其用葷食給你們吃，請原諒爸爸！

在光中我跟我的孩子相遇對話，我哭了，接著談到我的感情世界，更是不堪回首！我在共修中很坦白，這是和氣大愛修真的本質，讓每一個生命可以很安心地交托，說出自己的生命故事。

青節在此不談，當我分享時，我沒有秘密，同修聽我簡短片段的分享時，我們的生命在共振了。

我要過關

傳導師問我：「政學！你要過關嗎？」

我說：「要！我要過關，我早就不想這樣活著了！」
傳導師再問我：「那什麼時候過？」
我說：「就現在，這次班會我就要過關！」
傳導師說：「好！我們來過關！」

雙膝跪落見恩師

中午休息時，傳導師跟老師請示後，帶著我進去跟大愛光老師相認，見到大愛光老師時，我的眼淚流下，雙膝跪下向大愛光老師叩首。我跟大愛光老師談了好多話，分享我的生命歷程，大愛光老師也給了我處方，要我好好修煉，一定可以過關的。

大愛光老師說：一個有大能力者，必定要過「情」這一關，因為你是一個至情的人，情也是凝聚人的力量；所有能成就大事的人，都是感情特別重的人。你可以帶著這些人進到光中一起修煉行願，不用刻意切斷，這些生命會反過來護持你，也會自己修煉各自的功課。要學會斷牽纏，讓彼此關係提昇到靈性的圓滿。

斷牽纏　我落淚

因著這段因緣，下午大愛光老師傳了同修「斷牽纏」的法。我在斷自己的牽纏時很辛苦，一直掉眼淚，之後立如松時，我不想離開，就一直站立。

平常的我，幾乎沒有立如松，即使跟著立也立不久，但是當天斷牽纏之後，我立如松時立得很穩。我不知道自己立了多久，我知道在過自己的關。

晚上回到家裡後，整個家裡也被清理乾淨了，進門時我跟孩子說：「爸爸以後不用葷食給你們吃了，我們再回到從前吃素的生活，爸爸從今後不吃肉了。」

孩子立刻回我說：「我早就不想吃，是您逼我吃的！」

在那一刻，我跟孩子的互動變得很平順，惡劣關係化了些。

東廂一位　西廂一位

第三天早上大愛光老師問：昨天有誰立如松立到沒有跟著班下課，結果有五位同修站起來，其中有兩位師兄，我是其中之一。

大愛光老師看到我們兩位師兄，各自站在左右兩邊的位置，笑著說：「你們好像和氣大愛的左右護法！」全場師兄姊都笑了，我們兩個體型也好像。大愛光老師請我們兩位師兄分享昨天下午斷牽纏時的感受——另一位師兄先講，聽完他的分享後，感覺真是左右護法。

那一位師兄在大愛光老師左邊，說他受過戒，手臂有戒疤，開始立如松時左半邊是空的，因為父系能量很缺；我站大愛光老師右邊，分享說：我也受過戒，手臂也有戒疤，開始立如松時右半邊是空的，我是很缺母系能量。

這都是一些看似巧合，其中也有很深的因緣。

上山受戒　下山走流程

這場景讓我想到二十五歲那一年，人在台灣埔里靈巖山寺，在那一場菩薩戒受傳法會上，我剛好也是當西廂的班長，就站在妙蓮老和尚的旁邊，正好就是今天我站立的位置。我沒有隨著老和尚出家，下山後走進婚姻也歷經這一切。我懂了！原來這一切都是我的流程，不走完就是不行啊！

下課時我才發現，那位師兄姓楊，我也姓楊，真是巧！接著整個上午的時間，幾乎都是在分享我的生命故事，我沒有秘密了，把自己完全赤裸在所有師兄姊的前面，在傳導師的帶領下，一步步折包，大愛光老師也順著這個故事，用法脈的結構來談如何斷牽纏，如何讓關係更圓滿。

觸動多少心結　打開多少秘密

中午休息的時間，好幾位師兄姊來跟我擁抱與分享，我的故事觸動了他們的生命，看似在分享我的故事，其實也在轉動台下許多同修的生命。他們因著我的分享，掀開他們心中埋藏的秘密，也解開懸在裡面多年的心結，這些都是不能說的秘密，結果被我一次打開了。

我好訝異有兩位年輕的師姊過來跟我分享，謝謝我。她們看起來大學剛畢業沒多久，我的故事怎麼會觸動她們？看來有些流程跟年紀沒有關係，走大愛光這條路不也是嗎？

下午的時間，大愛光老師看著我說：政學師兄的分享很坦白，沒有幾個人有這個勇氣說，政學想成為一位大愛光老師。接著大愛光老師中午休息時，就在想他要花多少時間玉成一位大愛光老師，如何玉成弟子，如何找到更多願意跟他一樣修煉行願的傳光人，如何親自帶領弟子團，玉成未來更多的大愛光老師。

接著大愛光老師也為我們解說整個和氣大愛對內的七大結構體系，是弟子可以跟隨的幾個結構體，也是玉成大愛光老師的幾個階段。

跪別老師、師娘

三天課程結束後，向大愛光老師跟師娘告別。在跟大愛光老師跪別時，我又忍不住落淚了；跟大愛光老師和氣抱時，大愛光老師跟我說：政學！該出來做事了，我會找你來弄課程，我想到了，你就是我要找的人！

聽完這席話，我又哭了。

大愛光老師說：你的經歷夠多了，配備及材料也都有了，人生的流程跑了大半，接下來兩條軌道一起修煉，一條軌道是大愛光道路，一條是你現在在做的事。好好立如松，把根基扎穩，你很快就上來了！大愛光老師又跟我抱了一次，我還是哭著。

簡單用完餐共修後，我開車回家了。這是我自己這三天班會裡的簡短分享，太多的感受與體悟可以分享，但十點十分有課要上，在此先歇筆了。

我的生命在這次班會裡得到徹底清洗與轉軌重生，感謝這三天課程裡所有護持的生命，大愛光祝福你！

這篇分享是我在參過 2011 年 11 月 18-20 日桃園慈場舉行的三天大愛光入門班後，於自己的部落格發表的分享，細看自己的生命仍有起伏，仍有人事境來試驗，但知道這一切都是戲，鏡（境）中反觀繼續做功課，了悟生命就是來學習的。
高雄大愛光入門班主題為「壓靈」，桃園大愛光入門班主題為「拆包」，即卸下包裝。
筆落 2011 年 11 月 21 日 10:18:16。

不能只是修行

楔子：參班後分享

昨晚回到新竹慈場的學員班會團煉、進行共修，結束後，傳導師看著我，要我跟同修簡短分享上週五在桃園慈場大愛光入門班會的參班心得。

故事情節沒有多著墨，因為該班會已有完整描述，而參班的感悟，在部落格中也已經有用文字分享，所以我就分享參班回來後，在我周遭的一些改變。

過去的我　現在的我

昨晚在開車前往慈場的路上，心裡有幾些感悟。

過去的我，懂得什麼叫修行，也願意修行，大愛光入門班的三天班會中，我看見自己的盲點——以前我喜歡「修」，願意修正自己，但是我不喜歡「煉」，也就是不喜歡「跟」著煉。

所以，我很容易修成自己認為的樣子——以為自己好了，常就是獨行俠，用自己的那一套在應付一切發生。

我很會轉，修正也快，但都是修成自己的認為，我其實是不願意跟的，還是用自己的那一套在應付。

真修實煉從今起

現在我懂了，所以，心甘情願往下扎根、實修實煉，真的不能光是修，還要會跟著煉才行，所以回來後的這幾天，

每天五點不到就起床，用電腦網路連線跟著晨煉，學習立如
松的功夫。

其次，以前我喜歡行，願意付出行動，但是我的付出，所謂
的行動，就是少了個愿力。我並沒有真正發愿，也沒有帶著
愿力來行，更慘的是，我還不確定自己的本愿是什麼？我自
以為做了好多事情，但未必是跟著本愿來行。

開始吸吮法乳

在入門班會裡，我找到行大愛光這條道路的本愿，所以回來
後的這幾天，我把過去已發行的電子報，從最前面的一篇開
始，一篇接著一篇往後看，慢慢連接並感悟大愛光老師所傳
法義的原汁原味。

從這些法文字中，連接上整個大愛光的法庫資源，就好像生
命插頭接上大愛光法慈場，不斷地充電。

體相同修　擴大頻寬

所以不能只是修行，還要能修煉行愿並行。提醒自己：要能
跟著光團煉，要能依著本愿行；再者，回來後晨間立如松，
網上聽老師的心法，我感悟到體與相要同時修，不能只是修
外相。

立如松就是在修我們的能量體，煉和氣也是這個「體」的覺
知在打開，心量的空間在擴大。有身軀這個外相，是很好用
的一項修煉工具，但身軀內的體，才是真正要去擴大的心量
空間；擴大體，就是擴大心量空間，也就是擴大生命。

所以，立如松就在打開體的通道，讓更多的光可以穿透這個通道，通道沒有打通，人生到頭來也不過是一場空。

不可告人的秘密

在入門班的三天班會裡，徹底清洗過靈體的塵垢，所有藏在背後的不可告人秘密，全部見光死了。沒錯！這些塵垢見到大愛光，全死了，也化了，接下來就得靠自己持恆修煉，一次一次地清洗。

大愛光老師在想：要如何帶出弟子？如何玉成更多的大愛光老師？對我來說，我也在想：要如何跟隨老師？如何準備好成為大愛光老師？

我開始做準備——成為大愛光老師

現在的我，五點起來晨煉，每天聞法了悟法義，開車的途中播放著大愛光老師的心法光碟，這一切是在為我自己的生命負責任。

這一切也是在為啓發更多生命的天命做準備，這是我老靈魂的本愿，這一切就由入門班開始，這是今天早上的分享，大愛光祝福你！

> 筆落 2011 年 11 月 23 日 09:31:41。

兌舊軌　過大關

架子：我是新同修

己來到和氣大愛修煉已經半年了，但還是一個資歷非常淺
新同修。

始到新竹慈場時，內心總是在拉扯，有時候會感到累，而
想去慈場修煉；同時在那一段拉扯的過程裡，生活周遭的
切慣性與習氣，更是不斷藉機使勁想把自己拉離開慈場。

性就是這麼好玩，想辦法不讓你脫離原來舊有軌道，但是，
論如何，當時的我對自己只有一個承諾，就是：不論自己
狀態多麼糟，多麼不想去，我一定把自己帶到慈場，即使
強去都好。

次又一次把自己帶上，這關卡我是過了。一路上，我是用
己的「不願意」在修「願意」，或者說是用「假」修「真」，
到願意到慈場，願意離開小我的家，回到大愛光的家，願
跳脫慣性的軌道，慢慢轉軌向上——回到大愛光這條道
，老靈魂終於回家了。

望——大班會的力量

是我第一次報名參大班，記得第一天早上共修時，我說自
一直在等待中，等待一個更大的力量來引爆自己，因為在
入大愛光入門班之前，老是覺得到慈場修煉共修時，內在
力量有點上不來。

心沒有完全打開，好像內在的那把火，燃到一半後就熄了
隱約明白自己需要更大的法慈場來觸動。

所以我想給自己一個打開的機會，也就報名參加上週五的
愛光入門班會。這就是為什麼我要參大班，為什麼老覺得
己在家煉還不夠，到各慈場煉還不足的原因。我要藉由大
會的慈場，衝破積累的遮障，如果沒有參這三天班會，我
是打不開──我的老靈魂玩太久了，需要更大法慈場才行

第一天　我還在裝

第一天參班後，我還是沒有完全拆包，我還是很有技巧地
抑老靈魂──我根本沒有覺得自己在假裝，當然也就不需
拆包。

感謝傳導師的引領與小組同修的分享，我終於承認了，承
自己在裝好、裝沒事。

然後是我的孩子；感恩生命中愛我的人，他們用身上的苦
與生命在護持我。在我跟這些生命爭吵與拉扯的過程中，
先藏在背後的一些真相顯現出來了。原來我過得一點都
好，這個好是裝出來的，我所謂的沒事，其實都是我不想
對的問題。

第二天　我承認了

所以，在第二天班會裡，我承認了，一切也顯現了，接著
開始利用大愛光老師傳的法來清洗自己──來斷除一切
牽纏，了悟一切都是自己的事，明白老靈魂的本願；了悟

己也是一切，找到大愛光道路，願意一生走在這條道路上。

回頭看這一切的牽纏，都是生命中要去跑完的流程。這一路上我對不起好多生命，我感到慚愧！

誠心懺悔　真心分享

當我面對這些生命，在靈心光團跟他們懺悔時，我明白自己該好好珍惜這一生，好好使用這條命。面對過往經歷的一切，心中有無限的感謝與祝福！我感謝並祝福那些愛我的，以及我愛的一切生命！

這是我參班回來後，對自己生命的再一次整理，真心跟各位分享，也祝福你！

筆落 2011 年 11 月 24 日 08:39:14。

每次就差那麼一點

楔子：又來了

昨晚在用文字寫下感受的同時，周遭的人事境來了；細細品味自己身上走過的一切，學習如何做好覺情了悟的功課。老靈魂好不容易等到可以翻身的機會，但是過往的業力與印記就是想辦法反擊，不時顯現阻斷生命轉軌向上的人事境。

面對這些人事境，我發現自己的心學會接受了，不會再追問為什麼？人事境來了，就讓它來吧！因為一顆接受的心，會化掉這一切的考驗。

珍惜——同台共戲

早上連線晨煉播放老師心法時，我是流著淚聽完的，因為明白一切的人事境，不過是自己主導的一場接一場的戲碼。

想到這裡，內心就好珍惜所有跟我同台共戲的緣分。我是現在這場戲的導演，我怎麼忘了，入戲太深，也入迷了。

就差那麼一點

今天在東海慈場有第三梯次的大愛光入門班，因為今天行程與課程滿檔，一開始也沒有再次參班的準備，加上上週五在桃園慈場已經參過班，所以當傳導師問我要不要再次參班時，我頓了一下，心裡想說：不是參過了嗎？還需要參嗎？接下來不就是日後修持的功課。

所以當傳導師這麼一問，有點打亂原本的作息慣性，還需要許多的成全才行。

其實是需要再參班的，因為每一次就是差那麼一點點！結果老靈魂好不容易來這麼一次，沒學會又走了！

記錄每一步

今天行程排滿，而且學校有課要教，完全無法參班；明天是第二天課程，配合家裡孩子要到學校練樂器，以及等孩子下課返回卓蘭家，也無法完整參班。看來只剩星期日的第三天課程，有可能完整參班，這是自己目前的狀況。

在上一次的班會裡，我記起老靈魂真正想走的道路，也體會到需要好多生命來護持與成全。我不想倒轉回去，讓老靈魂再一次沈睡，我要清醒走著每一步，記起每一步是怎麼走下去的，這也是為什麼我要用文字來記錄與分享。

參了再參　吸取法滋養

大愛光老師慈悲說：即使我只能參班一天，也讓我可以參班！那怕只有一小時，也沒有關係，因為參班一小時，就會有一小時法慈場的滋養。

聽到這席話，人好感動，我回傳導師說：我會去參後面二天的班會！其餘難題，我會好好面對與處理。

這一切都是為我而設的，這些人事境的到來，何嘗不是呢？參班就是在接受法慈場的滋養，也是在提昇生命共振的頻

率。參了再參，吸取更多法慈場的能量，累積更多能量後加足馬力轉軌向上。

這是我在決定再次參班時，參班前一天經歷人事境的考驗以及今天早上晨煉時，在大愛光老師講述的心法上，自己的一些體會。

沒錯！生生世世就是差了那麼一點點！就是因為差那麼一點，所以再來一次。現在既然都來了，老靈魂也醒了，就學習當好一位傳光人，學習當好一位領路人。

這是今天的分享，祝福你有美好的一天，而且可以天天都美好！

➢ 　筆落 2011 年 11 月 25 日 09:48:28。

覺情斷牽纏

契子：參班中

剛結束東海慈場大愛光入門班第二天課程，孩子今早學校課程請假（星期六管樂社），護持我可以完整參後面二天的班會。

課程中自己有許多的看見，打算用下一篇文章來分享，今天想分享自己對「斷牽纏」的體會，就只是自己的感悟，未必完全切合老師傳的法義。

要過的——是自己的關

前天在我的部落格上，有一則留言：
「其實你並沒有真正過關？因為在你心裡始終還是放不下那個人？」

看到這則留言，我笑了，沒有想回覆或解釋，因為我也不知道對方是誰？要跟誰說呢？需要說嗎？這是一個很好的提醒——我要過的是自己的關，而不是誰的關；我要超脫的是自己，而不是別人，不是嗎？

放下真諦

我心裡在想：是否過關跟是否放下有關聯嗎？當我們真正放下時，早就不在意是否被再次提起了，不是嗎？如果還是在意被人提起，不論是提起什麼樣的人事境，那麼我們其實還沒真正過關，還沒有真正跨過去。

如果一定要完全切割關係，刻意選擇遺忘或是不再提起，那反而會永遠放不下，也過不了關。因為自始至終，我們都把這個印記帶在身上，怎麼會過關呢？

珍惜——讓關係真正圓滿

過關並不代表要切割一切，而是懷著「珍惜」的心來看待。當我想起對方的時候，那顆心是歡喜愉悅的，沒有半點傷心或難過。反而有著更多的感謝，並且誠心祝福對方，如此才能真正斷牽纏，才能真正提昇彼此的關係，讓關係可以獲得圓滿。

是啊！這份懂得珍惜的心，才是讓關係真正圓滿的原因。

就因為懂得珍惜，所以不缺了，也就不會想占有了，進而就能感到滿足，留下的只是感謝與祝福，這是一種關係的昇華。如果還是用占有的心，想要來填補內心的空洞，只會越占有缺得越多而已。

覺情了悟　感謝珍惜

大愛光老師教的斷牽纏之法，不是要我們「絕情」，而是要我們「覺情」；也不是要我們「無義」，而是要我們「了悟」。

用覺情了悟的感謝去面對關係，從此不再用占有的心去牽纏與拉扯，而是學會用一份珍惜的心去對待彼此。

折——情感上拉扯

折牽纏，要斷的是我們在情感上的拉扯，不是要斷我們與對方的關係，而且斷牽纏之後，彼此的關係反而會更好，會提昇到另一個層次，這是一種靈性之愛。不用老是用頭腦層的思維來看待，心裡害怕斷了牽纏之後，對方從此就真的消失不見。

關係清淨　共振向上

要能用靈性層的角度來觀照，斷牽纏之後，我們跟對方的關係變清了，變淨了。彼此生命不斷共振向上，一同走在大愛光道路上，相互護持與提攜，這是同台共戲的緣分，也是同舟共渡的情義。祝福你！

➤ 大愛光老師指引的是「覺醒了悟」，而我分享中寫的是「覺情了悟」。只因上課時聽的是「覺情了悟」，以前以為要「斷」這個情，才能解決這一切，經過班會體悟，明白是要去「覺」這份情，珍惜所有緣。

➤ 把「覺醒」聽成「覺情」，真的有特別的意義，請細細去品味。

➤ 筆落 2011 年 11 月 26 日 21:28:03。

我的大愛光道路

楔子：參班後

昨晚剛結束東海慈場大愛光入門班的三天課程，內心有好多的體會與感謝，今天先由第三天的部分體會開始分享，也是對自己生命的再一次整理。

沒錯！相同的課程需要再次參班，而且要把握參大班的機會，因為在大班裡慈場特別強，慈化生命的效果特別好，心被打開得更快。

機會留給別人

第三天老師開始上課時，進行同修分享及老師指引，一下子就排了好長的隊伍，好多同修想抓住機會上台發言，並且向老師提問接受個別的指引。

因為上一個班會在桃園慈場開課時，我已經上台兩次了，一次是傳導師鼓勵我拆包，一次是老師問話中被指定發言。所以這次再來參班，不好意思主動發言，占用同修時間，便私下跟自己說：把機會留給別人，不要主動上台發言哦！

很感恩老師，在桃園班會兩次與師對話過程中，老師對我們個別的指引，其實也是對所有同修的指引。因為只要用心聆聽，每個人都會感覺這些話，每一句就是講給自己聽的。老師對弟子的愛是無分別的。

聖火——心開了

雖然頭腦跟自己說：不要舉手問問題哦！但是我還是想問一個簡單的問題，所以當老師跟同修分享昨天老師生日時，住家附近施放煙火的錄影後，在老師開始要說話時，我的手自然就舉起來了。

我跟老師說：老師！我昨天心裡就想問一個問題——高雄班會是第一梯次，主題是「壓靈」；桃園班會是第二梯次，主題是「拆包」；那麼東海班會是第三梯次，主題是什麼？

老師反問：政學！你覺得是什麼？當下我的回話是：心開。
老師說：是啊！到這邊，心都打開了。

開　再開

「心開」是我自己的體會。高雄班會我沒有參，參桃園班會第一天時，我完全是壓靈的，而且還壓得很嚴重，一直到第一天課結束回家後，被我壓的靈魂才爆發出來；桃園班會後面兩天，就是徹底拆包，大量清洗！到東海班會再次參班時，我的心打得更開，如果沒有再來參班，「開的程度」還是差那麼一點點。

所以老師問我的答案時，我就直接回答「心開」，因為我的心打開了，我的臉上不時露出微笑的神情。

政學！你來！

第一位分享的師兄上台了，他談了他的狀況後，老師就對台下的我說：政學！你來！

雖然我決定不發言,但大愛光老師還是把我叫上去了,拿到麥克風就分享自己走過流程的體會,老師也藉機會指引我,同時也指引在場的每一位同修。在這與師對話過程中,我有三個感悟,也是身為一位弟子想要做的事情。

文字——保留心法　記錄道路

首先,我想用文字把老師傳給傳導師或弟子的一些內隱心法,用文字的方式將其外顯化保留,再把課程架構有系統地建構起來,就像建立一套玉成大愛光老師的標準作業流程

以後每位同修來到和氣大愛,就用這一套流程來玉成一位又一位的大愛光老師。

其次,我想用文字把自己來到和氣大愛找到大愛光道路,行走過程中的每一步,身上遇到的困境與感動,把它儘可能地完全記錄下來。

以後就可以用自己走過的經歷與體會,用自己生命故事的分享,來協助想要走大愛光道路的每一位生命。

成為傳法傳光工具

最後,是對自己的期許,在以前我認為自己這個人,就是我想要助人的最有用工具了——除了我的講課、我的文字外,我覺得我這個生命的一切經歷,是我可以助人的極限了。

但是,到今天我發現,原來我還有大愛光,有天地法界用不盡的資源可以使用;透過修煉及行願,來接通天界與地庫的法資源。

而我自己這個生命，就是老天的一個工具，用我這個人，用這個工具，來啟發更多的生命走進大愛光修煉行願的道路。

這是今天早上的簡短分享，我需要上課了。暫時停筆，我會利用時間，不停地用文字寫下生命中走過的一切感悟。大愛光祝福你！

> 大愛光老師指引過，功法有動作，心法用心念，都是大愛光法庫中讓靈子操作轉化生命的工具。心法本是口傳心受，不落文字，然，恐珍貴的法經由曾接法同修們再口傳，到最後失真。所以，在 2009 年一心向內「貼近內在」經典中，開始將心法用文字記載。
> 我感覺某些法是「心傳」，只能意會，不能用文字敘述，但如果能精準地用文字，記述下大愛光老師傳的心法，也是一件值得去做的事情。
> 筆落 2011 年 11 月 28 日 10:15:06。

跳出苦修

楔子：不能只是想

對一個想走大愛光道路的生命來說，不能只是「想」而已，要能明白確定這條路是自己要走的道路。

所以「確定道路」這件事，很重要，因為道路如果沒有確定，還在摸索、試探、搖擺，後面的一切就不要談了，因為到底自己要去哪裡呢？

靈性層上　好好地跟

在入門班的三天課程裡，大愛光老師一再要我們確認道路，要我們跟老靈魂連結，讓靈與肉可以合而為一。這也是第三天分享裡，很多同修提到的問題——就是時常感到自己的靈與肉是交戰的，時而靈魂戰勝肉體，時而肉體戰勝靈魂。

原來之所以還會有交戰，就因為靈肉沒有合一，就因為還不會用靈性層來看待這些問題，我們還陷在肉體層與靈魂層的老舊思維。

當我們的道路確定了，確定要走大愛光這條道路時，我們的心就會定靜下來，會心甘情願地走這條道路，這是我個人的體會。這時候就只要「跟上」，好好緊跟老師的步伐，不會再猶豫徬徨了。

逃脫苦修　光明圓滿

我是一個玩得很兇的人，差點把自己，也連帶把別人玩掉。對我自己來說，我是玩夠了，因為過往靈與肉的激烈拉扯，讓自己加快跑著流程；當我尋到光，進而確定道路後，靈肉交戰的情況自然平息下來。

走大愛光這條道路是快樂的，不要再用苦修的思維來修煉行慈，苦修不是究竟的圓滿。一切都是很自然的，不是要我們拋家棄子，或是要我背上沉重包袱，而是在教我們如何走一條快樂付出的道路。這就是「喜捨」的感受。

要修煉，就修到一片光明、圓滿、真善。

在血脈中轉軌

每當在聆聽同修的生命故事時，我也在整理自己的生命，我看到自己在血脈關係裡的生命模式。

原來我的婚姻關係與家庭對待，是在複製我原生家庭裡父母的關係；相對的，如果我沒有好好修煉，我的孩子一樣複製。因此，我們跟父母的關係，要能修到圓滿才有機會轉軌。

看到這一幕時，我好開心自己可以走大愛光道路，因為我明白自己的血脈有機會翻身，可以解除原本被設定的生命模式，可以轉軌向上提昇生命品質，慢慢淨化血脈裡累世積存的苦難與悲哀。

分享　真好

所以參班時的個人分享是很好的一件事，不要輕視自己，覺得好像在占用別人時間。要能敬重自己，因為我們一次的分享，就是一次護持的恩情，護持同修行走大愛光道路。

我們一次的分享，也是一份推進的功德，推進同修行走大愛光道路的速度。

分享是一切行願的開始，當我們在參班時，願意分享自己的體會與感受，我們就是在試著踏出行願的第一步，我們就是在學習做法布施，這也是一種對同修的護持。

以上是今天接續早上的分享！祝福你有美好感動的一天！

➢　筆落 2011 年 11 月 28 日 14:24:22。

回家

契子：問

昨天同事問我：楊老師！「和氣大愛」是什麼？是做什麼的？

我很自然地回答說：和氣大愛是培養傳光人的團體，是在為這個地球造就更多的傳光人。

我們不只修行，更要修煉行願——不光是「修」，調整自己，而是也要「煉」，用功法扎實鍛鍊；不光是「行」，行動付出，而是也要帶著「願」力來行，為護持整個地球而努力。

何謂傳光人

接著同事又問：那什麼是傳光人？

我接著回說：所謂傳光人，就是用「人」這個肉身來行菩薩道；換言之，也就是行菩薩道的凡人，而這個凡人是有機會超凡的。

當下我們就可以用這個身體直接行菩薩道，不用等我們成為什麼樣的菩薩，才又駕返回來人世間行菩薩道。

用我們這個人、這個身體、這個生命，馬上就可以為利益眾生的志業、為護持地球的永續而努力。這是大愛光老師的教誨，這是個人粗淺的理解，和氣大愛有架設網站，可以直接連結進去，相信會有更深入的了解。

留下美好　影響久遠

記得在我還沒有參班之前，有一次傳導師問我：政學！你為什麼會來和氣大愛？

當時我沒有正面回答這個問題，反而跟傳導師回答：在學校時，學生曾問過我，老師您在做一件事情時，決定做或不做的原則是什麼？

當時在課堂上，我跟學生說：老師做事的原則有兩個，首先，做這件事對這個地球是好的；再者，做這件事的影響力要比我活得還久。

就這麼簡單：做對地球好的，做比人命還久的事。留下對這個地球美好且久遠的影響力，是我這一生做事的原則。

所以，我用心講課，因為想透過演說來感動更多生命；我願意寫書，因為想經由文字去影響更多生命；我歡喜種樹，因為種樹對地球是好的，可以利益這個地球生態的永續。

壽有盡　樹無窮

一切，就這麼簡單！所以我選擇當老師，透過演說與文字的分享，希望能夠影響所有被我教過的學生，而且這份影響力會遠超過我的壽命。

就這麼簡單，所以我也歡喜當農夫，經由雙手的親自植栽，希望樹苗茁壯成大樹，即便我的壽命終了，這棵樹還一樣在為地球生態的永續做貢獻。

導導師聽完後，有所思地回說：我明白你為什麼會來到和氣大愛了。

找找到家了

在接觸和氣大愛之前，我完全不知道什麼是和氣大愛，也不知道這個團體在做什麼，更別提「什麼是傳光人」！但是當我進來以後，我明白原來這一切，對我一點都不陌生，只感覺找到家了。

進來傳光人十週課程班會後，一路聽聞大愛光老師傳的法，一切是如此自然且親近，一點都不覺得生硬難懂。原來在我來到和氣大愛之前，我內心做事的原有思維，就是和氣大愛的核心價值。原來我是一個失散多年的家人，如今找到家了。

這是今天簡短的分享，有事要去處理，暫時歇筆了。祝福你！

筆落 2011 年 11 月 29 日 10:41:40。

參班機器

新竹區傳導師前言：

這一篇很有趣，因為，大愛光老師說政學是「參班精」，但政學聽成參班機器，上課很認真聽——可愛的師兄對大愛光老師「言聽語從」——大愛光老師說的都是對的！

但是，結班後，治學用心的政學思忖「參班機器」是什麼意思……，有啦！答案出來了，就寫下心得，而且發願成為一部「很有效率的機器」。

請各位看倌看看，有沒有道理，也祝福這一部性能優良的「參班機器」，在試車成功之後，好好在大愛光中行願。

楔子：被點名

前二天在東海慈場大愛光入門班會上，被老師點名上台時，我記得老師跟師兄姊們說：「你們知道嗎？政學是一個『參班機器』」。

班會結束後，我還是一直想著這句話，老師說我是「參班機器」，這句話的背後涵義是什麼呢？

老師除了想表達我過去接觸過許多心靈成長課程，因而根基扎得夠深，相對接法的速度很快之外，還意味著什麼呢？會不會就只是這樣而已，沒有別的意思了，對這句話有感受，就只是我自己想太多？但為什麼這句話，還一直留在我的心裡打轉呢？

什麼是參班機器？

我在想：什麼是機器？

我的理解是：人用來節省人力與時間的工具，可以讓使用它的人，很有效率地達成目標。

例如，電扇是一台機器，可以經由電力轉動葉片吹出涼風，讓需要涼風的人感到舒服，所以電扇讓需要涼風的人，可以很有效率地得到涼風。如果沒有電扇，回到用手搖動扇子，清涼的效果就會打折扣，搖扇子的人手臂也會很酸，可能整個人變得更熱了。

如果依著這樣的思維，那什麼是參班機器呢？
參班機器，就是讓需要法的人，可以很有效率地得到法。

哈哈！我懂了，我果真成了一個工具，讓參班的同修可以很有效率接到大愛光老師傳的法。這是我自己的體會，有點自抬身價，真是不好意思，就當我在說夢話！

我願意成為「參班機器」

但是我會用心成為這樣的一個工具，而且是別人能夠方便使用的好工具。如此一來，當許許多多的生命走上大愛光道路時，就會走得更輕鬆及省力，這不就是一個機器的功能嗎？想想「參班機器」這名詞，竟然被我解讀成如此！

接著，在參班回來這幾天，常覺得人有點放空，腦袋空空的，像電腦螢幕關掉視窗一樣，就只是一片空白，但是思維卻變得更細微清晰，這是一種空中妙有的狀態！

提醒自己還是要好好立如松，讓自己這一台「參班機器」可以更有效率，可以更有力量助人成為他自己，成為地球上的傳光人，成為未來的大愛光老師。祝福你！

➤　大愛光老師云：
　　好極了！
　　精成機
　　即精密機器
　　十足靈性高科技也
➤　筆落 2011 年 11 月 29 日 16:40:26。

光團煉和氣

楔子：團煉

今天晚上到新竹慈場學員班團煉，大愛光老師連線一段時間後，準備啓程到美國弘法了。隨後播放了大愛光老師今早對光團導師的談話，以及先前在高雄慈場入門班的開示，接著就由各區傳導師帶領同修團煉。

大愛光老師說大愛光要進入傳導師弘法的階段了，大愛光老師要慢慢隱身幕後，讓傳導師可以更快速成長。

我在六點半左右進到慈場，有其他師兄姊受傳和氣，進到慈場後就先在後面角落立如松。

開始時，立得感覺很好，有段時間感覺自己跟老師合爲一體，分不清楚是我，還是老師在立如松。

但是後來當我進入光團立如松時，感覺身上有好多螞蟻在爬，左半邊身體及臉部好癢，有一次受不了而用手去撥，沒有螞蟻啊，是身體層的感覺而已。

後來請教傳導師，傳導師跟我說：我太急了！內在的心很急，上火了。

鬧中進入　與師一體

踏步時，身體慢慢鬆軟，轉起來之後，青年光團很吵（邊呼

口號、邊煉），有時會有點情緒上來，後來轉順之後，又出現跟老師合體的感覺，好像我自己就是老師，在慈場內跟同修一起煉和氣。

整體煉和氣時，感覺今天特別順暢自然，完全不會感到費力，不像以前會使勁用力，煉完後整個人喘吁吁的。

最後，要共修前，傳導師說今天是身體、靈魂與靈性三層體一起煉。聽到這裡，我就懂了，為什麼今天會有這些感覺出來。

護持的師兄說我今天進步很多，旋轉時不會亂跑了，中軸慢慢穩固下來，我想一定是自己最近有晨煉立如松的效果。

大愛光新生活

今天大愛光老師的指引，是談大愛光文化融入生活的重要性。

談到如果想走大愛光道路，一定要先由自己的生活開始改變，這是大愛光新生活運動，不能只是煉功法。

一直操練不同的功法，反倒忽略了將文化融入大愛光同修的身上，尤其是要調整生活作息、調整頭腦設定、調整觀念思維，否則再怎麼煉，也煉不出來的。

這讓我想到自己在學校教知識管理這門課時，我一再跟學生強調，即使公司願意花大錢，弄一個很完整的系統平台，但

是如果使用這個系統平台的人，沒有知識分享的思維，光有很好的硬體設備還是不夠，因為欠缺軟體文化的融入。

真的！腦袋沒有換，系統平台再怎麼好，一點用都沒有。
這是今天晚上學員班後自己的分享，祝福你！晚安！

分享之法源，學員班 2011 年 11 月 29 日早晨光團導師培訓中，大愛光老師指引所有導師，在晚上學員班中，再次撥放，讓所有學員班同修都接上「新生活」「新人種」的慈悲，茲摘錄如次：怎麼樣把法用在生活中，怎麼用，……生活不是只有關係，而怎麼過日子，包含人事境物，也包含四大資源，所以積極負責的態度是很重要的！有的人，他有好大的願，但他就是不能約束自己，他也不晨煉，做事有一搭沒一搭的……一切還是生活的問題，生活上不能自立，連工作的能力都有困難，工作良好的習慣沒有建立。所以蔣公為什麼要提出「新生活運動」，就是這個道理啊！所以必須建立在一個生活有序的基礎上，才能再談別的。……所以這個生活包含修煉，還包含修煉習慣、修煉的觀念，修煉的方法，就是觀念、方法、習慣。所以現在講的玉成的傳光人，是一種新人種，就是包含傳光人的人格特質，所以我們現在要進入到和氣大愛的文化大架構，而不是只有煉功的流程和儀式。如此我們才能夠玉成一種新人種。所以勢必是要進入到一個新的階段了。
筆落 2011 年 11 月 29 日 22:47:58。

一切都在裡面

楔子：十六字

在學員班訊息電子報的下面，有一行字：
一外一內、合心合靈、半凡半聖、同見同行。

看到這一行字時，內心有種說不出的歡喜與感動。

我是新進同修，還不清楚這行字在和氣大愛的真正涵義，但是在我心裡，就是有那麼一份篤定：這就是我一直在尋找的生命模式。

閉起眼，依稀可以看見那美好且真善的畫面，這不就是人間淨土嗎？還要去哪裡找淨土呢？一切就在我們自己的內在。把自己的內在弄好，擴大出去，整個地球自然就好了；想要淨化地球，就要先淨化人心；人心淨化了，地球自然也就淨化了。

大隱於山　非我所願

如果沒有走進大愛光道路，如果還是用過去那一套在生活，這一生我可能都不會快樂。父母給了我修行的肉身，老天也給我不錯的天份，如果只是躲在山裡，什麼都不做，這是在糟蹋父母與天地的恩情，這不是我要的生活。

再者，如果要馬上超凡入聖，我想自己的根器還不夠，還是有許多的習氣，我無法在很短的時間裡，一下子就超脫這些

性的軌道。因此,「半凡半聖」成了一個不錯的生命模式;就用凡人的身體,行著聖人的志業,用人的身分來行菩薩的道路。所以「傳光人」的角色,對我是很好的定位。

從對立到相融

來到和氣大愛發現,原本生命中好多對立的東西,在這裡都得到相融的機會。換言之,以前認為是衝突的概念,現在非但不衝突,反而可以相輔相成。這就是合而為一的氣魄,一切的矛盾與對立,進到和氣大愛後自然消融了。

如果來到和氣大愛修煉行願,還是東卡西卡,還是分別心很重,我想一定還沒有過自己的關,還沒有真正降服自己。

開始——過關做功課

參班回來後的感覺很好,但也明白這狀態不好維持,我也不會刻意去維持,因為一切的狀態都是可以利用的契機。

我清楚明白:不是參完班後,不是來到和氣大愛後,從此就過著幸福快樂的日子。就只是開始,還有好多的關要過,好多的功課要做。

修煉上的蜜月期過後,總會再經歷撞牆期。我們不能輕忽慣生的力量,因為慣性總是在一旁伺機而動。在自我優越日益彭脹的間隙中,自我悄然溜進心裡而占滿內心,到時候裡面的心量空間小了,在人事境中到處跟人東卡西卡,忘了最初修煉行願的本質為何。

淀如是微小　見尊貴如來

這是我對自己的提醒，當自己煉和氣把生命擴大，生命不斷往外擴展的同時，自我相對也變大了。

這時候就要用立如松，將自己收攝回到本心，再用行願的力量，化掉那個變得自大的我。試著在細小卑微的如是裡，看見巨大尊貴的如來。

一切如是如來，一切都在裡面！準備上課去了。祝福你！

➤　筆落 2011 年 11 月 30 日 09:26:55。

沒有慧根　也要會跟

◎第一部　參班後

大愛光入班門是我第一次參大班，由桃園班會再參到東海班會，心一路被打開，我是跟上了，沒有讓自己掉了，但知道自己起步慢了，所以更要加緊跟隨。

這些年下來，「跟」這個功課，我一直沒有做好。對我來說，我願意「修」，但不喜歡「跟」。到頭來往回望，這一路走過的足跡，都怎麼了？原來我都修成自己的認為，修成自己的樣子，修成看起來很好，但卻是走進死巷，結果是修到無路可走了。

光是好好地跟

原來光是「會修」還不夠啊！還要「會跟」才行，這是對「慧根」還不足的我，一個最好的提醒。不斷提醒著我：沒有慧根，也要會跟。就只是緊跟大愛光老師走過的步伐，就對了！這一路就是好好跟，什麼都不用想了。

來到和氣大愛之前，有好多年的時間，我幾乎不再學習了，對所有心靈成長的課程，也變得沒有興趣。因為這些課程談的東西，都不是我最想要的，也無法完全解答我對人生的疑問。

到前陣子第一次參大班，進到大愛光入門班會時，我才確定大愛光這條路，是我要走的道路；我也明白大愛光老師傳

的法，可以解決我對人生的疑問，所以我願意跟隨，歡喜信服大愛光老師所傳的法。

是什麼樣的誓願，牽起這一段等待好久的因緣。時候到了，也就知道了，一切是如此自然。

◎第二部　聽分享

今天早上連線晨煉時，持續各區傳導師與參班同修的分享，這是老師所傳「聽分享拉平台」的法，主持晨煉的師姊好發心，程度很高，將老師傳的這個法，分為七階：接上法慈場、聽同修分享、用一筒光聽、用中軸來聽、用中軸凝聚、核對頻率、與老師共振。

這段話提醒自己，日後在聽同修分享時，要能核對自己與分享者的頻率，核對自己與大愛光老師的頻率，如此才能與分享者共振，也才能與大愛光老師共振。

原來在聽分享那一刻，我不只是在聽同修分享他的生命故事，而是這位同修在為我說法，在為眾生做法布施。這真是一場現場直播的法會，還好我有趕上。

祝福你有美好感動的一天！我愛你！

➤　　筆落 2011 年 12 月 1 日 06:53:32。

相信

楔子：

大愛光老師 2011 歲末赴美弘法行前贈言：

靈性成長，達者為師；身段盡放，虛心請益；
毫不保留，連接平台；即知即行，必獲重生；
忽準天命，守護法位；軌道訂定，立脫習染；
按時修煉，主題推進；節節高升，圓滿本願。

我把這段贈言，留在自己的修煉日記裡，時時用這八句話來
提醒自己。

信心　相信　信任

記得大愛光老師在學員班會的引導中，曾經提到信心、相信
與信任的差異。大愛光老師指引：信心是對自己，相信是對
別人，信任則是一種本質。

我的理解是：當我們對自己有信心時，自然會帶著自信前進；
當我們對別人相信時，自然會放下猜疑的心；當我們回歸本
心本願時，自然會生出信任本質。

信任，就是百分之百的相信，我們不只相信別人，更對自己
有信心；我們不再只是用官感來看待，而能進入一種全然地
託狀態；我們不再只是肉搏戰，搞得自己身心具疲，而能
體會到靈性的自在。對我來說，還在經歷並體會這個階段。

鏡裡鏡外 一切宛然

我的體會是：我們之所以不相信別人，是因為我們對自己還不老實；當我們對自己夠老實時，對別人就能相信；所以相信雖然說是對別人，其實也是在檢證自己。

原來我們對別人的不相信，是在反映對自己的不老實；當我們可以對自己老實，能老實承認自己的一切，慢慢就能接受自己現在的樣子，自然也能接受別人一切的樣子。

最終我們會放下感官的判斷，放下對人的分別，回到本來的樣子，這是我所理解的信任本質，不知道跟老師所要傳達的法義通不通？這也就是這次大愛光入門班會中，老師帶領同修們，透過不壓靈，經由敢拆包，一次又一次地對自己老實，一次又一次對自己承認，慢慢打開自己緊閉的心。

心開，路自然就開，而這條路就是靈子回家的路。這是今天早上晨煉後寫下的文字，跟各位分享。祝福你！

➢ 分享法源： 2011 年 11 月 29 日和氣大愛學員班中所撥放，大愛光老師在 2011 年 10 月 22 日到高雄慈場關懷所指引，這項指引，在 2012 年係圓滿班中，大愛光老師已細細指引。

➢ 相信是最困難的，相信還有另外兩個家族元素，一個叫做信任，一個叫做信心，這三個是一體的，相信、信任、信心這是一體的。信心是自己，相信是對人，而信任是本質，這三個是一體的。

➢ 分享裡所用的是鏡子原理，所有的人事境，都是反應出我們的內在情境——就是說，心中有什麼（感覺），看到的就是什麼樣貌；對外在人事有任何感覺，都是內在感覺的呈現。所以，同樣的人事境出現，有人覺得舒服，有人卻不舒服；同樣一句話，有聽得入耳的，也有逆耳的。所以，一切外境均為自己而設。

➢ 筆落 2011 年 12 月 2 日 07:28:22。

鏡（境）中相遇

楔子：凝視

剛才洗完臉、刮完鬍子後，用毛巾擦乾臉時，望著鏡中的自己，突然有一種莫名的感受。好久好久！我沒有用雙眼注視鏡中的自己，每一天我都是快速閃過，不曾停下來好好看著自己。

你呢？你有多久沒有好好看著自己。

老靈魂！是你嗎？

於是，我沒有馬上移開自己的雙眼，反而用雙眼凝視鏡中我的雙眼，就這樣一直看著，眼睛一直往鏡中的眼睛裡面看，一直往裡面往裡面看。

妾著我把手掌貼在靈心位置，我跟自己說：老靈魂！是你嗎？

尤在這凝望注視的過程中，我看見自己的臉在變化，有時是長滄桑的愁臉，帶著一點哀傷的神情；有時是張無感的呆臉，帶著一點無助的神情；有時是張微笑的亮臉，帶著一點醒悟的神情。

著著再往眼睛裡面一直看進去，我感到左右兩邊的眼睛，各呈現出不同的眼神，兩個眼睛看起來都不是我的——但是些眼神我不陌生，這些都是過往生命中，跟我互動過的熟眼神。

當下我有點驚訝，但我沒有恐慌，我接受眼前這一切，還是一直看著鏡中的我，感覺像是在經歷些什麼。

楊政學！加油！我愛你！

就在我往鏡中眼睛一直看進去時，我的眼睛溼紅了，淚水滑了下來，但這淚水不是傷心難過，反而有一種感動與感謝。我終於可以盯著鏡中的我，雙眼凝視鏡中的雙眼，沒有想閃躲這雙眼睛，我渴望自己的生命可以不同。

「楊政學！加油！我愛你！」原來老靈魂在對我說話。

自從參了入門班之後，不論是在班會中的台上分享，還是回來後部落格上的文字分享，我都是出於一份善的心念。沒有想用我的說來表達自己多優越，也沒有想用我的寫來呈現自己多卓越。

我只是大愛光的工具，也是老天的工具，老天只是想透過這樣一個不完美的生命，來讓更多的生命可以學到教訓，可以有機會更完美。

我沒有惡意　我不是故意

如果我的說，我的寫，曾經讓你感到不舒服，請原諒我！我沒有惡意或故意，或許是我的表達還不夠精準，自己會好好反省。

這些一幕幕的境，何嘗不是一面面的鏡，不論是在境中，還是在鏡中，我們都有機會跟老靈魂相遇。其實我們身上的

切反應,都是訊息——一個個深埋在底層的痛,看起來沒事,看起來好好的,但都是一個又一個的傷口,只是裝做沒有而已。

看到傷口願意面對,當藥方下去時,不舒服的感覺就來了,這個不舒服就是在療癒傷口,一旦不舒服的感受過去,傷口就會慢慢復原了。

感謝大家的寬容與護持,讓我可以大膽用不成熟的文字來分享,雖然這過程中,有些小小的難過,有些小小的挫折,但我會加油!

下回當你在照鏡子時,試著凝視鏡中的自己,往鏡中的眼睛裡面一直看進去,你會有機會跟老靈魂相遇!這是今天在我身上的感受。

祝福你!我愛你!

筆落 2011 年 12 月 2 日 10:25:56。

只有自己怎麼了

楔子：晨煉

「一心向內，是我，不是他。」這是今早連線晨煉時，恭聽老師一心向內班會指引的感受。

我沒有參過一心向內班會，但直覺這班會的指引是為我而說，跟最近自己的文字分享，以及遇到的人事境相互契合。是啊！這一生從來就沒有別人的問題，只有自己怎麼了？只等自己什麼時候可以看見——千錯萬錯都是我的錯，一切都是為我而設。

就是緊跟　願意承擔

從現在開始，看見自己的責任，我就是主事者，也是這一切的引領者。不只要緊跟老師的腳步，緊跟光團的修煉，更要學習承擔，學會先承擔起自己，再承擔起更多的生命。

所以，慢慢要由學會「跟」，進到願意「擔」，願意承擔起更多的責任。

拆包　打開墨囊　與光連接

在我身上還有好多的慣性與習氣，還是會落入宿命的軌道但這一切也是來護持自己的。

我接受身上的這一切慣性與習氣，接受自己這個樣子，因為這些都是我生命中的部分特質，沒有什麼不好，也不需要去厭惡它們；但是我明白不能只是接受，要學習去轉換，轉換這些慣性與習氣，不然就是我在縱容自己而已。

這些慣性與習氣如同一包包的墨汁，只有將墨汁投入大海中，投入內在的那一片寧靜海中，才能將這些墨汁稀釋，進而消融化掉。

如果身上還是背負這一包包的墨汁，那麼身心靈都無法輕鬆自在，連立如松時都會立不住，而這些裝有墨汁的囊包，最後會因為壓力過大而炸開來。

在大愛光道路上的修，就是提高振動頻率，只與光連接；這只與光連接，並不是在迴避問題，反而是將問題迎向光，攤在大愛光下面。

透過參班與共修的告白，將問題完全曝光，對自己老實承認，這是化掉慣性與習氣的大好機會。

這一包包墨汁放下了，整個人就會越來越輕鬆，走在這條道路上也會更開心。一切是自己啊！這一生只有自己的問題，要能為自己的生命負完全的責任。

德大愛光老師在談一心向內的法，感覺一切都好熟悉，雖然沒有參過班，但一樣透過心法的播放在接，期待日後可以親自參班接法。

我需要伙伴　我不想獨行

問問自己：在這條道路上有伙伴嗎？我的伙伴在哪？為什麼需要伙伴呢？一個人走不行嗎？

結伴而行就是在凝聚光能量，形成一個個的光塔，用光塔的力量來提高自己的振動頻率，也就是在擴大自己的心量空間，不會走到最後變成獨行俠，變成孤老無依的人。

剛送完孩子到學校練樂器，返家後隨手寫下這些文字，跟你分享。祝福你！

➤　分享法源來自 2011 年 10 月 23 日，大愛光老師在一心向內班會中指引，茲摘錄如次：修大愛光很簡單，這就是個化繁為簡之法，一切非常地簡單。如何修？提高生命振動頻率，只和光連接；只和光連接，不是迴避啊！而是不怕曝光，完全接納自己這個生命是帶著很多很多的慣性、很多的脾氣毛病。一樣樣地去看，一樣樣地接納！這可不是挖自己的瘡疤，而是真正地衣錦還鄉啊！

➤　接上光，可是帶著光，再讓自己曝光——把生命中這一包包的墨汁包包給打開，讓墨汁入大海；在此一心向內班會中，打開來，讓墨汁回流注入寧靜海。

➤　筆落 2011 年 12 月 3 日 07:56:38。

只要還願意

契子：晨煉上線

早上晨煉連線時，聽了兩位師姊的分享，老師也針對分享內容做了些指引。最近的精進晨煉持續在推老師傳的「聽分享立平台」的法，希望能將參入門班後的感動與熱度，透過這個平台持續延續下去，不要讓熱度很快就消退了。

分享給有緣

記得在我來到和氣大愛之前，就一直用部落格文字或課堂的分享，來試著讓有緣的生命或是我的學生，對我分享的東西有所感受，進而可以感動，再因著這份感動，而真正為自己開始做些什麼，最後願意改變自己的人生態度。

對一位老師來說，教學上最大的挑戰，莫過於讓學生改變其態度，不論是為人或是處世上的態度。換言之，不僅要成為一位經師，更要能成為一位人師，這是我對自己的期許。

一個生命之所以願意改變，就是因為他對我們所做的一切有所感受，我們感動了這個生命，接著這個生命開始有行動，願意為自己做到些什麼，然後就會改變自己的人生態度。

這是我當一位老師的想法，也就是和氣大愛為什麼要用大愛手這個工具，來接引許許多多的生命；因為大愛手直接，而且容易有感受。

用心接受　自能生愛

什麼叫做愛呢？把這個「愛」字拆開，就是「受」加上「心」，當我們用心接受時，自然就會生出愛。大愛手就是一雙又一雙用心接受不同生命的手，有著無限的愛在裡面。

許多新生命來到和氣大愛，他們有機會親自感受與實證大愛手的威力，這是一份生命的感動。如同我第一次體驗大愛手時，內心是充滿感動的，而且我第一個是想幫我的父母做大愛手。

雖然我母親已經往生十餘年，我仍然問師姊：可以用隔空的方式為往生的母親做大愛手嗎？後來才知道有和氣照顧這個功法，所以我留下來了，持續進班學習中。

這一切的開始，就是因為接觸了大愛手而有所感動，所以如何讓人可以感動，是很重要的，這也是接引許多生命的入口。接下來，就要問自己：那我要如何讓人感動呢？

當我是老師的時候，如何用心來關心並貼近學生，是我的做法。當我用文字分享時，如何經由自我的承認與剖析，來梳理自己與別人的生命，是我的做法。當我幫人做大愛手時，如何在平時做足功課，以提高自己的含光量，讓自己的這雙大愛光可以更容易貼近不同生命，是我的做法。

就因經歷　所以貼近

因著生命走過的歷程，我們都曾經離悲苦如此地近，就因著

離悲苦夠近，所以分享的故事與文字，才能夠如此貼近並感動不同的生命，原來所有的生命都是一體的，沒有分別。

曾經我因為自己的分享，得到別人負面的回應，因而我關掉了部落格，不只關掉一次，我也關掉了自己好多次。現在的我，明白這一切都是我要做的功課，這些生命都是在護持我。當我走進大愛光道路時，雖然一樣會遇到不同的聲音，但我不會再把自己關掉了。

當我站在一大片落地窗前，遙望遠方的山景時，我的心是滿足的，因為一切是自己，自己也是一切啊！

我明白這不斷地分享，是在療癒我自己，也是在提醒不同生命。我跟自己說：只要還願意分享，這一生我就有機會好；只要還願意分享，我生命的道路就會一直開。

感謝這個分享平台的存在，讓好多的生命可以相互扶持，彼此攜手共進。這是今天早上的分享，我要準備上課了。今天會是美好的一天，不是嗎？祝福你！

- 精進晨煉電話：+1-646-5195800，密碼：8228#，連上後請按「✳6」靜音。
- 筆落 2011 年 12 月 5 日 10:02:42。

專業還是業餘

楔子：不到十人

今天早上第一堂有課，刻意晚個幾分鐘進教室，發現學生還不到十個人，心想不等人了，有幾個學生就教幾個，這是對準時到課學生的尊重。這個班的學習氛圍一直上不來，跟班導師談了幾次，情況沒有明顯改善。

學生早上第一堂課往往起不來，來到教室後精神也不好，不然就是在抄寫待會要繳交的學科作業。

大學生到課、上課的情況與態度，我心裡好擔心。對當老師的我來說，都是些訊息，也在幫我推進度，所以，我就時常會分享些想法，希望能引領這些孩子看見自己。

業餘學生　專業應付

站在講台上，望著台下這群學生，原來他們並沒有把自己當成專業的學生，而是把學生這個角色當成副業，倒是比較像業餘的學生。這些孩子並不敬重自己，也不懂學習背後的真正意涵。對他們來說，有到課就算不錯了，根本不關心可以學到什麼？

總之，這些孩子是來學校應付的，應付老師點名、應付作業繳交，他們並不關心自己的學習。更不明白這一切是為自己的生命負責，他們在現在的生活裡還過得去，並不急著去改變些什麼，因此學習的動機不強烈。

我們走在修行的路上，不也是一樣嗎？當我們遇見大愛光時，有找到非修煉不可的理由嗎？有確定要走這條道路嗎？

為什麼還不確定？因為日子還過得去，不是嗎？我們把自己定位在業餘級的傳光人，叫做有空時修行一下也不錯，因為對身心靈的提昇都不錯，我們不急著成為專業級的傳光人。

傳光——不必等

我們總是在等待，等待自己準備好的時候再去傳光；但是往往沒有所謂準備好的時候，其實隨時都可以傳光，不用一定要等什麼時候。就像分享的平台，不用等準備好內容才分享，只要願意分享就行了。

一顆願意分享的心就夠了，不用在意要分享什麼？分享的內容會不會不夠好？

就像我常用文字分享，也不知道要分享什麼，但就是帶著一份願意，因此想到什麼就分享什麼。分享的重點是一顆願意的心，不必在意分享的內容好或不好。

一顆願意分享的心，會持續打開自己；只要還願意，就不會感覺到底，覺得沒有東西了，覺得給不出去。

分享——不必等

要做就做到專業，做到專業級的水平，這是傳光人的愿力，也是對自己生命的定位。不用等準備好再去傳光，現在就可

以傳光給需要的生命；不用害怕沒有東西可以分享，只要還願意分享就行了。

生命總會帶著我們，找到自己的出口，當我們開始敬重自己時，老靈魂會充滿感動而歡喜。足足忙了一整天，身體有點疲累，但還是想用文字跟你分享些心情，這是我的願意。

晚上到新竹慈場學員班會團煉，相信會充飽光含量回家。祝福你！

➢　筆落 2011 年 12 月 6 日 16:18:51。

狀態最壞　機會最好

楔子：回家……

結束晚上的學員班課程，途中買了東西回家，跟兩個孩子一起吃晚飯。今天是自己參大班回來後，身上情緒起伏最大的一天，看見自己還有好多功課要做，躲也沒有用，還是用誠意好好面對。

今晚學員班課程播放大愛光老師 10 月 25 日到新竹區關懷的影音，我從頭到尾眼睛沒張開，只打開一雙耳朵來聽。上回大愛光老師來新竹慈場關懷時，我晚上才到慈場，所以大愛光老師這段對同修的談話錯過了，還好有補到課。

狀態最好　也是最壞

我對其中一句話特別有感受，老師的意思大概是這樣：最壞的時候，是狀態最好的時候。

因為當我們狀態最好的時候，本身光含量很高，自然就不需要光，也就不會想要煉，這時候最容易失去想修煉的心，所以說是最壞的時候。

人性就是如此，當自己狀態好的時候，生活安逸且平順的時矣，我們不會想修煉，會依循宿命的軌道來生活，結果又是白跑一趟，回去了。

大愛光老師這句話，反過來說，就是：「最好的時候，是狀態最壞的時候。」

這就是我在參大愛光入門班之前的情況，當時路走到盡頭，心幾乎關掉了，那時候生命最需要光，也是生命最想振作的時候。

是老天的慈悲，讓我這個生命找到出口，有緣接上大愛光，進而確認大愛光道路，就這麼一路走下去。原來人事境的打擊，是老天化了妝的祝福，是用來讓我們的生命可以更堅強有力的。

真人啊　久別又重逢

晚上在煉和氣時，傳導師提醒同修往裡面煉，我聽話照做，試著用中軸來聽，將一切聲音收束到中軸。試著跟裡面的真人相遇，真人與假人就這麼一起煉。

我問自己：是誰在煉和氣？現在在問問題的又是誰？
在我們的肉體裡住著一個隱世的真人，一個真正的自己。

晚上這真假兩個人就一起煉和氣，很有趣的久別重逢、相遇時刻。這是今晚學員班後，用文字寫下的感受，跟你分享！
祝福你有個美好的夜晚！

➢　分享法源，是 2011 年 12 月 6 日和氣大愛學員班中所撥放，大愛光老師在 2011 年 7 月 22 日新竹慈場關懷的指引，茲摘錄如次：狀況最好的時候啊，就不會去煉。對不對？那就是進入到一個耗光的狀態。我們每一個人都有一個容光之器，你把那個容光器一充滿以後啊，你就覺得不需要，就像吃飯，你吃飽了還會吃嗎？你吃飽了不會再吃啊，肚子就這麼大嘛。同樣地，你煉飽了還會煉嗎？會不會繼續煉？這個就是關鍵，你煉飽了還會繼續煉嗎？就是一般的人就不會繼續煉……。

➢　筆落 2011 年 12 月 6 日 23:51:19。

一起回家　好嗎

楔子：對話

昨晚週二學員班下課時，有一位師姊過來跟我說話。
師姊說：師兄！你知道嗎？你寫的東西是在救人命。
當下我有點楞住，直覺回說：是哦！怎麼了？

你在救人命

她說：我有位朋友其實在和氣大愛十年了，但是生命一直轉不出來，活得非常痛苦，你寫的東西觸動他一直轉不出來的點，所以我說你是在救人命。
我說：謝謝你告訴我這些，我會好好加油！

從來就沒設定自己的分享，可以有多大的影響，就只是一份願意，而且是堅持要做一輩子的一件事。我明白這一生自己的時間有限，所以只想選擇一條道路走到底，就這麼一條路，不需要其他的路，這一條路就是大愛光道路。

走到底　破到底

你知道嗎？生命走到底，再破底，再往下走，再遇到底，再破底，這樣的生命狀態有多美嗎？當我寫下這些文字時，內心有好深的感謝，這些文字跟我的生命不斷共振著，這是一重感謝的生命頻率，淚水就在眼眶內打轉。

記得大愛光老師說：所謂的一心向內，就是一心一意往自己裡面的那一條道路去。

是啊！沒有什麼地方要去了，只有回到自己的裡面；沒有哪裡好去了，自己的裡面是唯一的去處。說是去處，其實是回家，回到原本的面目，回到最初的樣子。

當我立如松時，試著把一些身體的不舒服，一切紛飛的心念，用吸一口氣的方式，往中線、中軸收攝，這是唯一讓自己可以再立下去的辦法。因為唯有這樣，整個人才會再一次立定下來。

我們一起回家，好嗎

一輩子就走這麼一條道路，好嗎？沒有哪裡想去了，我們一起回家，好嗎？找到這條路上想做的事，就做一輩子，好嗎？我們不要再分開了，好嗎？

我們可以多貼近自己，我們就能多接受自己，也就可以多貼近不同的生命，可以改變多少生命？這一切的到來，都在我們的裡面，不用再外求了；只需要往裡面探問，自然就會有答案了。

來到學校研究室，利用上課前的時間，用文字寫下此刻的感受，感謝所有一路上陪伴與護持的有情生命。我們一起回家好嗎？

祝福你有美好感動的一天！

➢　筆落 2011 年 12 月 7 日 08:45:43。

人生有解　可以不苦

楔子：何苦呢

其實我們並沒有好好敬重自己，明白要能活得更好，但還是一直陷在人事境中。這個不是我們對生命的了解，只是我們對生命的認為，也就是我們對生命的設定。

我們希望生命可以不同，但也認為生命就是這樣了，何苦呢？相同的軌道，重覆著相同的發生，心裡不想這樣，最後還是一樣。

以前在我的生命底層有一個設定，就是認為人生無解，所以也就不用去找答案了。我認為只要夠苦，生命自然會找到出口，所以就繼續苦下去吧，反正最後自然會苦到清醒。

我是幸運的

且，我是幸運的，因為熬過來了，沒有陣亡在執著的苦果上。我是幸福的，因為找到道路，明白如何透過修煉行願來轉軌向上——看見人生原來是有解的，明白真的不用那麼苦。

生命的格局可以放大，不用去設定與侷限，直接將光帶進靈主層，進而改變原有對生命的設定，一切的問題自然就不是問題了。

問題最終呈現的結果就是苦，苦到最後，有機會清醒，算是幸運的。多少生命就這麼苦下去，苦不堪言，苦到老死，一輩子沒有機會醒。

進入靈性　脫離對待

問題之所以是問題，就是因為我們還是用身體層與靈魂層來思維與對待，還是在人事境中不斷打轉與修修補補，但這都不是究竟圓滿。

我們忘了抽高生命高度，忘了解除生命設定，也忘了進入靈性層來看待問題。

對我而言，進入大愛光就是學習進入靈性層，學習如何直接跟光連接，直接下載生命所需的元素；放下對身體層與靈魂層的舊有思維，重新設定並打開生命的格局。

靈態啊　讓我有機會

原來生命可以玩得更大，可以用得更多，可以活得更好。這就是大愛光老師說的靈態，放掉對體態與心態的思維，直接跟光連接，不斷提昇含光量，也就是用靈性層來修煉行願，脫掉身體層與靈魂層的外袍。

學習知恩、感恩、報恩，是對生命格局的看見，也是敬重自己的了解。帶著這樣的看見與了解，一路上就是不斷打開、不斷擴大、不斷提昇。

不想讓這一次的來，只是用光來強身健魄，只是用光來療癒心靈，因為在這身體層與靈魂層的背後，有一個高的靈性，有一個老朋友在等著，你有感覺嗎？

不要一直在自己的問題上打轉，進入靈性層是最有效率的方式，而且問題自然不再是問題。我還在實修實證中，一起加油，攜手共進！

這是今天早上晨煉後的分享。祝福你有美好的一天！我愛你！

筆落 2011 年 12 月 8 日 08:21:46。

一路寫到成真人

楔子：功課來了

一件事可以做多久？一輩子，好嗎？

找一件事來做，就做一輩子，做到不能做為止，做到底，好嗎？最後發現，原來做到不能做才剛要開始，沒有底啊，只好堅持做下去。

一條路可以走多久？一輩子，好嗎？找一條路來走，就走一輩子，走到不能走為止，走到底，好嗎？最後發現，原來走到不能走才剛要開始，沒有底啊，只好一路走下去。

今天遇到自己的境，送來功課了；細看著境裡的文字，品味著身上的感受，原來是老天的慈悲，送來了更大的禮物。當用文字寫下心中感受時，內心有一份篤定與輕鬆，這是自己跟老靈魂的生命之約，打勾勾講好來，這輩子再也不離棄了。

不變的核心

記得在學校教策略管理時，談到企業的核心價值，會跟學生討論如何看待核心價值。基本上，核心價值不會因為外在環境的變化而調整；如果一個價值會因為外在而改變，如果一個價值會因為環境而棄守，那麼這個價值就不是核心價值。

但是企業的策略是可以調整的，而且也應該調整，以回應市

場與利益關係人的多元需求，畢竟企業存在的價值，是要能符合當代社會的需要。

我才剛進和氣大愛學習不久，對很多東西還不甚了解，但是我相信和氣大愛一定有核心價值，而且這個價值是不會因為外在環境，或其他生存考量而棄守，否則這個價值就不是核心價值。

但是和氣大愛的策略是可以調整的，而且也應該調整，以回應同修與廣大社會的多元需求，如此才能更加貼近這個時代的脈動與需要。

給予更大的寬容

我個人的分享就只是自己的想法，難免帶著些許主觀價值。分享就只是分享，就只是一份願意，請各位用寬容的心來解讀。這分享就像我的隨筆日記，既然是隨筆、是日記，就請給予更大的寬容。

期盼大愛光這條道路上，能有更多的傳光人，共同為這個地球的需要而努力。每一位傳光人，因著個人根器與因緣，就找一件事，找一條路，不用貪多，堅持到底，一路到底，如此這個地球就會變得更好。

感謝有你，讓我不再感到孤單，也感謝你的寬容，讓我可以繼續寫真，一路寫到成真人。祝福你！

➤　筆落 2011 年 12 月 8 日 21:22:15。

永不下課的課

楔子：晨煉

早上晨煉恭聽大愛光老師心法時，大愛光老師指引：一心向內，是一門重新做人的課程。

為什麼說是重新做人呢

因為我們外面在生活的那個人，跟我們裡面真正的那個人，是有距離的；甚至於有些人，現在活得一點都不像他真正想要成為的那個樣子；活得不像自己想要成為的人，所以需要重新做人。

是啊！這一外一內的距離還是在，什麼時候假人修煉成真人，這內外也就可以合一了。

對我來說，文字的分享也是，如何透過繼續寫真，經由一次次梳理生命，讓這個還有包裝的假人，慢慢可以脫掉外袍，一次次放下假我，一路寫到成真人——這是我的人生功課，一輩子會用心做好來。

功課來了

昨天傍晚部落格上有一則留言，對方的署名我不認識，其實任何人都可以用假名留言，未必是真正的身分。留言的內容不太友善，我知道功課送來了，也明白這一切都是為我而設，因為自己的智慧還不足，所以就用電子郵件請教了傳導師。

傳導師很慈悲，要我仔細品味是哪一個字，觸動了平靜的心。於是我對著這則留言上的每一個字，把我的手放用靈心位置去感應每一個字，隱約明白是哪幾個字，在觸動我的心。

當下我的心情沒有太大起伏，這不是我以前的狀態。

以前的我——就是關

以前的我，遇到這種留言，可能會覺得幹什麼把自己弄成這樣？只是出自善意，只是一份願意，所以才上台或用文字分享，又沒想從中得到些什麼？

我有正當職業，可以平靜生活，不用承受這些，不是嗎？花時間寫分享不說，還把自己赤裸裸呈現在眾人面前，結果換來這種不友善的回應，何必呢？以前的我，可能又把自己關起來了。

現在的我——反省感謝

現在的我，明白一切為我而設，所以面對這個發生時，當成是給我送來了禮物，是來印證我的初發心還是不是？這條路可以走多久？文字分享可以寫多久？把光送給那個生命，感謝他帶給我的功課，也讓我有機會反省自己。

傳導師智慧真是高，難怪大愛光老師一直提醒同修要善加利用傳導師。想把我的傳導師給我的指引，留在自己的修煉日記裡，不時拿出來為自己加油。

以下是傳導師送給我的一段話:「真人上場,繼續寫真(珍),寫到山清水淨,寫到唾面自乾,寫到笑由心生。既是來化,何懼於話。寫下千古佳話,寫下萬夫莫敵。既已出山,只有前進。淬鍊大勇,何有畏懼。試驗大智,何來退路。為今心放寬,大仁在其中。」

這段話給了我好大的力量,無限感恩在其中。

感謝 一雙雙成全的手

如果沒有大愛光的慈悲,沒有大愛光老師的指引,沒有傳導師的引領,沒有光團導師與同修們的護持,沒有家人與許多生命的陪伴,今天的我,對生命不會有如此的了解。在我身上得到的一切,都是這些生命的成全,這些是一雙雙成全的手。

對我來說,一心向內不只是一門重新做人的課程,更是一門永遠不下課的課程。在這微寒溼冷的初冬裡,收到好多生命送來的暖流,好感謝。這是我今天早上的分享,祝福你!我們一起加油!

➢ 筆落 2011 年 12 月 9 日 08:40:27。

會哭　活了下來

楔子：電子信

你知道嗎？

今天對我來說，是多麼美好且感動的一天嗎？

在我參大愛光入門班之前，我跟我的傳導師說：政學不會哭了！印象中有好幾年的時間，我竟然忘記怎麼哭了？我把自己徹底關掉，心變得麻木，沒有太多感受了。

今天早上十點多收到傳導師傳來的電子信件，望著上面短短的幾行字，還沒等我看完幾個字，眼眶裡的淚水就一顆顆落下來，而且是使勁地流下來，怎麼也停不下來。我沒辦法寫東西了，因為手指雖然敲打著鍵盤，但是視線卻是模糊的。

立著　哭著　想著

於是我把自己立起來，就這麼一直站著站著，淚水還是不停地流著；我整個人是被一大光束罩著，讓我可以放心大聲地哭。過程中這一生好多好多的畫面，就這麼一幕接著一幕放映著。

我在光中跟我的父母、孩子、親友，所有我愛及愛我的人相遇，我對著他們一一懺悔，感謝他們對我的寬容，我告訴他們：政學好愛你們！

尤其是我見到已往生十餘年的母親，我抱著她使勁地哭，真子。我跟媽說：我好想您！看到您真好！

剛才跟傳導師回信說：政學會哭了！會哭了！真的會哭了！我哭了快兩個小時了，政學記起來，我知道怎麼哭了！謝謝秀華師姊！

我不知道這些文字想表達什麼，但我明白這裡的每一個字，都是我的真心真意。好感謝大愛光老師與傳導師的指引，還有這一路上不斷寬容我的人，沒有你們的護持與成全，就不會有今天的我。

我的命也算是撿回來的，以後能好好使用一天，就算是我賺到的了。

剛去洗把臉，整個人的眼睛好紅，哭得好醜，但好開心！此刻說著說著，淚水還是滑了下來。該收東西出門了，待會有課要上，別讓學生問我：老師！您怎麼眼睛紅紅的，是不是哭了？

我會開心地跟學生說：是啊！老師記起來了，我會哭了！會哭，代表活了下來！不是嗎？

祝福你，也有美好且感動的一天！我愛你！

➢　　筆落 2011 年 12 月 9 日 12:37:08。

行天命　报親恩

楔子：晨煉

不要再嫌自己了，就讓自己變化。

好美！這是今天早上晨煉時，大愛光老師指引中，最有感覺的一句話。

這些年來雖然明白一切都是自己的問題，也不會再把問題推給別人，更明白千錯萬錯都是自己的錯。但是這樣的了解，並無法讓自己很快再站起來，內心裡還是一直在責怪自己，在壓靈，並傷害自己。

最近了悟到：原來在我的生命裡，少了一個讓自己重新振作的力量，知道要寬恕自己，明白要重新振作，但一直以來還是獨行俠，想靠自己的力量站起來，結果老是在身體層與靈魂層之間游盪與拉扯。

接光送光　我是活體

半年前來到和氣大愛，接觸到大愛光，透過對法的理解，以及對行的實證，學習在煉的過程中，直接把光接進靈性層來修煉。

方法是，藉由立如松接光，再經由大愛手送光，讓光在這個身體內流通，讓光有進、有出形成一個循環，而使這個肉體變成一個真正的活體。

是啊！任何活的東西，一定是循環的；任何不循環的東西，早晚一定會死亡。人的生老病死是如此，天地的四季運行更是如此。

直接換湯底　直接進入靈性層

大愛光老師說：進入靈性層修煉，就是直接換掉湯頭，不是吃素時還在葷食湯頭裡撿素食吃，而是直接換成素食湯頭，不在身體層與靈魂層打轉與修補。

否則接進來的光，還是進到身體層與靈魂層，還是在相同的軌道裡運行，並沒有真正提昇生命的本質。

好好愛自己，我們才有力量愛別人，才能帶領更多的生命。

今天早上晨煉聽心法時，有段話讓我感動到流淚，因為這段話讓我明白為什麼每天要這麼煉？而不是按表操課，時間到就去立如松，但還是不明白為什麼要這麼煉？我聽懂這背後真正的意義。

大愛光老師說：用血脈接上法脈，就能開始行天命。立如松時第一步先煉中軸成形，而這中軸就是血脈接上法脈的工具，把中軸煉上了，就能接更多的光進來，就能把光用到更多的地方，就能帶領更多的生命，這就是在行天命。

善用此肉身　上報父母恩

聽到這段話，淚水就落下了，老靈魂感受到自己是來行天命渴望能夠好好行天命。

不要再嫌自己不好，我們沒有任何問題。好好在靈性層的修煉上下功夫，把自己完全交托給大愛光，讓自己可以千變萬化。

老靈魂渴求可以行天命，你的老靈魂想行什麼天命呢？好好愛自己，就是跟老靈魂不再分開，就是在善用父母給我們的肉身——行天命就是在報答父母恩。

這是今天早上的分享，祝福你有美好的一天！

12月10日（週六）晨煉光中接法，當天播放的是2011年6月一心向內班中大愛光老師指引。摘錄原文：「經由大愛手，有形有相地，而且讓別人告訴你，大愛光有沒有用；而這個大愛手是外用，立如松是內用啊！你懂了吧？一外一內，經由大愛手，相信大愛光，而願意內用大愛光；從外用到內用，從外用到內服；立如松就是把光吸進來，大愛手把光送出去。」

大愛光老師在2011年6月12日一心向內班中第三炷香指引，此班傳法CD原音與經典都將出版。

筆落2011年12月10日08:51:18。

下回如何不發生

楔子：立如松

清晨在卓蘭紫屋內的落地窗前立如松，眼前是一大片的水池，今天外頭飛來特別多鳥兒，超過以前看到的景象，就在枝頭上不斷的歌唱與跳動。外頭溫度計顯示攝氏八度，人感到有點冷，但一切是如此和諧。

人跟天地，人跟萬物，好像就這麼沒有分別的共處——你以為現實的生活，就是這樣的畫面嗎？當然不是，但我相信會常常都是，因為只要相信，只要願意，就一定可以。

卡上了　人會哭　心好靜

昨天要下來卓蘭之前，跟兩個孩子卡上了，弄得我快發光，其實已經發光了，因為大兒子跟我說：您幹麼講話這麼大聲！

在那一句話背後，我看見自己怎麼了？而不是孩子怎麼了？接下來呢？現在我該怎麼做？下回再遇到時，如何不發生？

很快想好該做什麼，就立刻行動。一個人開車出去買吃的東西回來給孩子，在途中眼淚又流了下來，但我的心是平靜的，就是這個樣子，人會哭，但心好靜。

面對任何一個發生，就是問自己：「剛才我怎麼了？現在該怎麼做？下回再遇到時，如何不發生？」

我的學習

◎步驟一　注意力拉回自己身上

我學習：把注意力拉回自己的內在，不在外面的發生裡打轉；面對孩子的固執與叛逆，不為發生反應，只為結果行動，讓這些大關小卡自己慢慢化掉。

◎步驟二　不壓靈，表達並接受

當我試著用這樣的方式面對時，發現最終的結果慢慢變好了，失控的現象也沉澱了下來。在這過程中，我沒有壓自己的靈，我沒有要自己不可以生氣，我表達了自己的情緒，也接受孩子身上的情緒。

我不想假裝自己修養好，不想騙自己我很好，我沒事。現在，我會跟孩子說了我的擔心與關心，也接受孩子的感受與選擇；我沒有像以前，回到用壓抑或冷漠的方式來回應。

明白了，這是我們父子三人一起要做的功課，生命就是這麼一關接一關在過，是老天的慈悲，讓我可以轉速再加快，生命更快往前進。

最近開始有些各區的師兄姊，因為在和氣大愛電子週報與學班訊息網看到我的分享，主動上我的部落格留言，或是當面、或用電子郵件，跟我分享他們的看見與感動。好多生命在這個平台上，一起打氣加油，一同攜手共進，好美的畫面。

再一次謝謝師兄姊們的回應，每一個對我的回應與關心，對我都是鼓勵，政學會好好加油，把生命活得更好，活得更有價值。

期盼日後有機會在不同的班會裡看到大家，因為每一次的相遇，都是久別的重逢。大愛光祝福你！

伙伴回應——整個宇宙綻放小星光　很美吧

北區　嚴淑芳　to　新竹區傳導師黃秀華

親愛的秀華師姊：

請幫我轉達政學師兄，非常欣賞師兄每天的分享，每一篇都好感動人，好真心！真修、真分享、真實證，希望不久的將來，政學師兄就是另一位傳導師，您帶得好棒！

大愛光祝福您～

中區　許育綸 to 政學師兄

親愛的政學師兄，您好！

我是中區校園光塔許育綸，感謝您的分享。

因為您的分享，連結到我的內在——他好想回家，原來他一直想回家。

我之前看到「回家」就會莫名地流淚，現在我真的懂了——內在真的好想回家！我真的好對不起我的老靈魂！

真的非常感謝您～有您真好～大愛光祝福您～

~ 220 ~

北區 廖佳蓉 to 政學師兄

親愛的政學師兄：

最近收到的幾篇學員班訊息（學員班訊息 351～355）都有您的分享，看了覺得很感動。

您真的是很棒的生命！看到您如此精進也提醒我要好好努力了。

感謝分享，繼續加油！

大愛光祝福您

新竹區 徐婕怡 to 政學師兄

親愛的政學師兄，

謝謝一連三日的分享，像這樣真實地存在，對一直是真假不分的我們，深深撞擊我心，也很有同感......以為結束，卻才要開始，佛說平常心、平常心......向內修淨、修定，隨時隨也都在每次呼吸中，感謝師兄文字的力量、愛與祝福，整個宇宙綻放小星光很美吧！

尋光客 to 政學師兄

今天上班發生了一些小事，但是卻是莫名「火」起。

下班時的我，突然想起您所提起的「修」，人生總是需要不斷修正，人生才會更美好。

一回家，又看到我女兒和老婆又有點您所說的「光」，也或許這樣我竟然沒發「火」，想一想也對，好久未到您的文章逛一下囉！看完心情果然好了很多。

或許是我不善溝通吧？卻又莫名期待起，我那位脾氣不好生氣的大女兒，能快一點認識多一點字，或許讓她多看一這類文章或許可以減少一些衝動吧？

謝！

新竹區傳導師黃秀華 to 所有伙伴

親愛的大愛光伙伴：

感恩政學開動感動列車，感恩所有的師兄師姊，一同推動這一部感動列車。

請您也一起來寫，寫出內心深深的觸動，寫下好久好久沒說的內心話，留下心靈真(珍)珠，他年光海說說笑聲與淚影。感恩護持學員班平台的伙伴，能及時登載，讓熱呼呼、暖烘烘的文字，暖了靈子心，亮了靈子靈。

前方，可是大愛光老師哪！

➢ 我要寫的應該是「發火」，但竟打成「發光」；這個趣味，和前兩篇的「情了悟」「參班機器」一樣饒富趣味，品一下吧！

➢ 筆落 2011 年 12 月 11 日 08:07:12。

百篇足跡 8

晨煉 21
修煉習慣初養成

晨煉修煉習慣初養成(2011.12.12)。

真正為自己做到些什麼

楔子：第 21 天

問問自己：這一生到現在，我真正為自己做到了些什麼？
坦白說，這一生我真正為自己做到的，並不多。但就在今天，
我為自己真正做到了一件事，那件事，就是我每天定時連線
晨煉，今天是連續第 21 天。

我好開心，因為我至少做到了這件事，這也是跨過自己慣性
的第一道關卡。

連續 21　習慣可改變

在心理學理論中談到，一個人如果想要改變習慣，需要連續
21 次的累積，如此這個習慣就可以被改變，中間不能有間
斷，否則就要再重新開始累計。

所以每天晨煉要連續 21 天，以後就會輕鬆且自然起來加入
晨煉。

今天的我，為自己做到了這一件事，在來學校的途中，轉到
高鐵新竹站星巴克買了一杯咖啡為自己慶賀。人就坐在一大
片落地窗之前，望著車站廣場上來來往往的人群。

我終於在人群中找到自己了──一個慢慢可以合一的自己，
而不是那個帶著慣性在生活的自己。

五點晨煉　瘋啦！

剛來和氣大愛時，聽到資深同修每天晨煉，心想：到底是怎麼一回事？繼續聽才明白，原來是早上五點起來連線立如松。

心想：瘋了！需要這樣嗎？這麼精進可以撐多久？應該過幾天就不行了吧！

心想：這件事，大概跟我無緣，要我每天五點起來立如松，這是不可能的事，我還是按我自己的方式來煉吧！
這就是以前的我，一個帶著慣性在修煉的我。

現在你問我：五點起來立如松，困難嗎？
我會跟你說：一點都不難！只要你願意，只要你相信，你就一定可以。

以前我是從來不立如松的，我比較喜歡煉和氣，也只在在週二學員班會裡才煉，平常在家根本不會煉的。

我相信大愛光

你知道這中間差別這麼大的原因嗎？就是一個相信。
我相信大愛光。

透過參入門班時，我跟老師相認，確定大愛光道路；透過晨煉接老師心法，明白每天立如松，為什麼要這麼煉，而不是悶著頭煉，所以每一天我都會有所感受，每一天對我都是驚奇，一種對生命無限美好的驚奇。

這是我今天最大的感動，還有好多的感動沒有時間寫，等我有空些，再用文字跟你分享，我需要準備去講課了。

親愛的老靈魂，大愛光祝福你！

> 大愛光老師：
> 恭喜政學！
> 入得大愛光之門，會用大愛光之法，會走大愛光道路的第一步即建立穩定的修煉習慣；而建立穩定修煉習慣的第一步即固定連線晨煉！
> 弟子對老師最大的感恩與回報即導師之言，如師之法，行師之願，成師之道。
> 大愛光祝福你
> 筆落 2011 年 12 月 12 日 09:54:40。

就是為了跟你相遇

楔子：走廊相遇

早上十點多去上課的途中，在系館走廊上遇到我的學生，學生問我：老師！您怎麼會在這裡？

我順口回了學生說：為了跟你相遇啊！

就在擦肩而過的那一瞬，我被自己這一句話感動了。

是啊！我的來，這一生的在，就是為了跟你相遇。

中午下了課，回到研究室，迫不及想跟你分享此刻內心的這份感動。

我想跟靈子相遇

來到和氣大愛後，時常有人會問我：政學啊！你怎麼會在這裡？以前，我總是回答：就因為某師姊的介紹，被做大愛手有感覺，就來了。

今天，我終於明白，原來這不是真正的原因；我會來和氣大愛，會在這裡用文字分享，是為了想跟你相遇啊！政學想跟已經進到大愛光的靈子相遇，政學想跟還沒進到大愛光的生命相遇，我想領所有的生命進到大愛光，大夥兒一起在大愛光中相遇，一整體的沐浴在大愛懷抱中。

大愛光公寓

見在的心情，剛好對應今天晨煉時大愛光老師指引的心法，

大愛光老師說：很多人來到和氣大愛，進到大愛光裡，但是別把這裡變成了「大愛光公寓」。

什麼是公寓，就是在公共場合相遇，在公共場合的相遇，不是真正的相遇。公寓，也叫公共監獄，很多人把自己鎖在裡面，並沒有跟其他生命真正相遇。

真正的相遇，就是找到方向，即使對方沒有朝著你走過來，你也會想辦法朝著對方走過去，如此就會相遇了；在這個分享的平台上，每分秒我都試著跟不同的生命相遇，即便彼此不認識，我們也從來沒見過面，但生命一直是在交流的。

政學想跟每一個生命，透過這個平台相遇，因而相識，進而相融，一起快樂分享，一起打氣加油。好像每一次的相遇，都是久別後的重逢。想想！這是多美的生命狀態。

感謝你的到來，珍惜我們的相遇，外頭的天氣雖然有點冷，但心裡的感動是暖的。今天真是美好且感動的一天！親愛的老靈魂，大愛光祝福你！

➤ 大愛光老師指引原文～2010.01.29-31 光團啓動班會-台中東海慈場，第一天晨煉指引：「我不想再繼續住大愛光公寓了，我今天才弄清楚，原來我這麼持恆地來慈場，竟然是在住大愛光公寓，多可笑的一個名詞──大愛光公寓。

➤ 公寓就是在公共場合相互遇到，但是生命是完全不通的，就叫做公寓。再換一個字，就是公共監獄。現在我們要轉換為一同沐浴在光中、一同相遇在光中，真正地相遇。」

➤ 筆落 2011 年 12 月 12 日 12:38:55。

微微的你　清醒了我

楔子：那個班

剛結束早上兩堂課的講授，回到研究室休息一下，同樣是上週學習氣氛低迷的那個班級，但今天的我不太一樣，感覺更有力量去拉這些學生上來。

這是一個老師的天職，引領跟我有緣相遇的學生，回到他們自己的身上，回到他們的內在，跟真正的自己相遇。

最遠的距離———知道到做到

學生問我：老師！您說的我都知道，但就是做不到，為什麼呢？我想：這知道到做到的兩端，大概是生命中最遠的距離，因為知道容易，但要做到很難。但就是因為難，如果還能做到，能超越自己，那才叫做「難能可貴」，不是嗎？

很難，還能，才可貴。太容易達成的目標，就算達成了，也不會有成就感；很困難達成的目標，達成的瞬間，內心會生起喜悅感。因為我們不是在跟誰比賽，我們是在超越自己，超越一個帶著慣性與宿命的自己。

沒有感受　所以難

學生的提問，我很快回答：因為沒有感受！
我跟學生分享：我們之所以做不到，是因為沒有太多感受，我們不明白這麼做的意義是什麼，不懂為什麼要改變自己，好像這樣活下去也沒什麼不好，不是嗎？

我們讓生命走在宿命的軌道，重覆著相同的生命模式，一再遇到相同的發生，一再得到相同的結果。雖然不想這樣，最後還是一樣。生命不斷重覆，跳脫不了宿命的軌道。

感受→感動→行動→達陣

我跟學生說：當我們有所感受，就會感動，就會行動，就會為自己做到些什麼，就會願意改變自己，修正自己的態度。要如何有感受呢？就是用心，把心帶上就會有感受；沒有了心，就失去了感受。

就在寫著分享的這一刻，我懂了，原來在我身上過往的那份感受，就是在我裡面老靈魂的呼喚，是老靈魂的求道之心。

微微的你　清醒了我

那股微微的感受，是老靈魂想要清醒啊！

大愛光老師曾指引說：只有自己可以改變自己，那個自己不是慣性的自己，而是想要合一的自己。我們之所以改變不了生命的格局，就是因為少了一個願心，我們忘了老靈魂的本願本心。

感謝這群學生給我機會，讓我有機會分享，也讓我明白老靈魂是想要行天命的。失去了道心，老靈魂會暗然無神，老靈魂會傷心難過。

記得提醒自己：要用心生活，讓每一天都值得回憶與感動！親愛的老靈魂，大愛光祝福你！

➤ 筆落 2011 年 12 月 13 日 10:49:45。

求道的你　浪頭的我

楔子：問光

為什麼：知道但做不到，想定卻定不住，想靜也靜不了呢？
我們之所以會做不到、定不住、靜不了，就因為少了一個愿心，少了一個求道之心。這是大愛光老師在所傳心法中，對同修的指引。

所謂的道心，就是求道之心。在我參大愛光入門班回來後，在晨煉中聽聞大愛光老師的心法，接老師所傳的法，實證老師的指引時，隱約可以感覺到自己每一天都在變化。

因為每一次班會，每一次接法，每一次指引，都是法慈場。

乘上法慈場　飛昇光浪頭

這一次次的法慈場，就像海邊一個個乘風而來的浪頭，我們就像是在海邊等待浪頭的衝浪客。浪頭來了，大愛光老師順勢把我們帶上，身邊同修則全力護持我們，這時候我們要能把握機會乘著浪頭而上，如此才能改變生命的格局。

不然參班回來後，不用多久還是會被打回原形，回到原本的生命格局；不然心法聽得再多遍，也慢慢變成在聽背景音樂，變成是一種自我的安慰。

到頭來，還是不明白立如松所為而來？為何而煉？

自我感覺良好　悶著應付自己

一味地悶著煉，沒有用上本願、本心來煉，其實是在應付自己，甚至是欺騙自己，只是自我感覺良好而已，生命的格局還是回到原點。最後，修煉反而成了高明的騙術，我們用著修煉之名，在欺騙自己，也在應付自己。

所以要能帶著本願本心來煉，把握每一次乘風而來的浪頭，把自己完全交托給大愛光，讓生命不斷地乘浪而上，讓生命的格局不斷向上提昇。而且來的浪頭越大，生命格局提昇地更高，這是一種靈性成長的喜悅。

找伙伴成光團　煉中軸真修煉

再來，就是要能形成光團，用光團來找伙伴，凝聚共同的愿力，以擴大生命的頻寬。

大愛光老師說：愛與關懷的範圍有多大，生命的範圍就有多大。形成光團之後，光團可以協助伙伴煉中軸，當中軸煉上了，我們就能吸引更多的生命，帶領更多的生命。

道心，求道的心，是我們唯一的依歸。少了道心，再多的修煉也只是欺騙自己，因為此時，修煉成了遮障自己的高明騙術，不是嗎？

親愛的老靈魂，大愛光祝福你！

> 此段脫胎於 2009 年 11 月出版的一心向內「生命之門」，第八章乘光浪飛昇～第一節光浪飛昇 p.154～155，經典原文如下：

⊙我本浪頭本源光

我在最高的浪頭上，但此處，卻是無風也無浪。
我乘著這浪頭，把我帶回到了虛空中。
我乘著這浪頭，把我帶回到了虛空中。

我在雲之端、光之涯，我本原是光。
我本原是光，我是光化身，本來不沾染。
繼續向上飛昇！

光源慈悲大地母，我在虛空乘風舞。
衣衫飄飄迎風飛，身在雲煙縹緲處。
向下照看無分別，無來無去無起伏。

繼續乘著這個光的浪頭，此乃「光浪飛昇」法。
在寧靜海中，乘著光浪，飛昇而上。
筆落 2011 年 12 月 13 日 13:21:45。

反的正的　都一樣

楔子：走廊相遇

昨天下午五點多離開學校研究室時，在走廊上遇到了一位女同事，就是我昨天文中提到那個班級的導師。

同事問我：楊老師！你要回去了？

我說：是啊！我要去新竹慈場，週二晚上固定有學員班課程。你找我嗎？有什麼事嗎？

同事說：本來想找你談些心情，不過您要離開了，不好意思麻煩。我看著她，明白她心中有事，於是回說：沒關係！時間還早。於是邀請我到她研究室，坐下來聽她說著一段又一段的故事情節。

我很灰心

聽著同事訴說她如何用心帶學生，如何為這群學生付出，但是學生的態度與回應讓她好灰心，心想不知道怎麼辦？所以想來找我分享，並問我如何是好？

我聽完後，直覺問她：您有把跟我說的這些話，也跟學生說嗎？她說：沒有！反正學生不領情，而且我不想讓學生看到我有情緒。平常我都很客氣，壓住脾氣，好好跟學生說話，深怕兇完學生之後，下場更難收拾。

步驟一：表達感受

我說：不行啦！你還是要表達，你可以用真心平和的語氣表達，讓學生明白你的心情與無助，明白你對他們的擔心與關心，我想這群學生慢慢會有感受。

步驟二：接納自己

另外，你要接受自己的情緒，你可以有無助與害怕的情緒，要接受你現在這個樣子，不可以再壓抑下去了。

你知道嗎？你現在是在肉搏戰啊！你設定了一個戰場，把整個人弄得身心具疲，也無法經營好你的班級，再這樣下去，你的身體會出狀況。

步驟三：接受對方

接著，我說：在你表達了之後，就要學習接受學生現在的樣子。如果你無法接受學生現在的樣子，你就沒有機會改變他們。因為這群學生不會跟您說真心話，不會跟你吐心事、搏感情，他們只會應付你，而且還會非常專業地應付，令你哭笑不得。

用上法——墨汁到進大海中

既然明白昨天下午的對話，就是今天晨煉時大愛光老師所傳一心向內心法的應用。我鼓勵同事表達自己的無助，表達對學生的擔心與關心，這就是在鼓勵她告白，就是鼓勵她把身上的墨汁往大海裡倒，讓自己慢慢可以定靜下來。

同時，我鼓勵同事要接受自己的情緒與樣子，也就是鼓勵她把已經綁好的一包包墨囊拆開，否則丟到大海裡去，還是完好的一包包墨囊，無法化開與消散。

大海心量　師者願意

同樣的道理，老師要能接受學生的樣子，否則老師無法影響並改變學生。

當老師可以接受學生的樣子時，學生才會願意跟老師告白，這時候老師變成了一片大海，學生願意將墨汁往這位老師的海裡倒。

再者，因為老師完全接受學生的樣子，學生也願意拆開他們的墨囊，不再包裝自己，不再帶著墨囊上課，不再隨時在課堂上丟墨囊，弄得整個教室烏漆黑。

其實在和氣大愛裡面，也是一樣的法在應用。大愛光老師一再要我們護持同修，同修也明白護持別人，就是在護持自己。

但是問問自己：我可以接受別人現在的樣子嗎？我對別人的樣子還有分別嗎？是不是有些人，我比較喜歡護持，而有些人的樣子，我比較不敢恭維呢？

如果我們無法接受同修各種不同的樣子，如果我們的眼睛看一切還是在分別，那麼我們的護持一定是不足的，而這位我們沒有全心護持的同修，最終就是掉了。

我自己是一位老師，在學校跟學生互動時，一直提醒自己不要分別，要全部都可以接受。如果我連學生的樣子都無法接受，那麼我怎麼可能改變學生的態度。

我的接受，並不是認同學生的樣子，而是我知道這是一個入口，一個有機會改變這生命的入口。

同樣的，我現在進到和氣大愛這個團體，慢慢也在看，也會看到一些現象。我就只是往裡面問：如果是我，我真的會護持嗎？我是不是還在分別？多少被我護持過的人，現在哪裡去了？掉了幾個？為什麼？

這些問題，都是向內問的好問題，我會一直問自己，也提醒自己。談可不可接受別人的樣子，也只是在檢視自己有沒有接受自己。

反正——就是反的、正的都一樣，一切都是自己啊！一心向內就是了！

這是今天早上講課之前寫下的分享，祝福你有美好的一天！大愛光祝福你！

這篇分享的體悟脫胎於「大海與墨汁」～2011 年 10 月 23 日一心向內班～大愛光老師指引，傳法原音 CD、經典實錄即將發行。
筆落 2011 年 12 月 14 日 09:48:10。

感覺到 你來了

楔子：手錶

自從 11 月 18 日參加桃園慈場的大愛光入門班後，原本戴在手上的錶，當天就掉了，去服務台詢問，三天來也沒有人撿到，可能掉在別處了。

於是有一段時間就過著沒有錶的生活，還好有手機，偶爾看一下手機上的時間。

試試看 拿掉它

其實一切還好，沒有太大的不方便，我本來就是一個不太規劃時間的人。試著不看時間來告訴自己，現在該做什麼，也是一個不錯的體驗。

拿掉了看錶、看時間做事的慣性，轉而讓周遭的一切徵現，來提醒自己該做什麼。

如果是你，少了錶，沒有時間給你看，你會不會慌？很有趣的，試試看。

舊錶掉了，現在回想這件事，老天似乎在告訴我：放下過去，重新再來！一個生命在參完班之後，開始重生了。

前陣子整理家裡時，找到一只停掉的新錶，是某家公司的贈品錶，拿到鐘錶店換電池，還會走，就一直戴在手上使用。

脫掉保護膜

今天早上感覺錶面一直有污漬，看錶時變得更模糊了。平常會稍為用紙巾擦一下錶面，老覺得不乾淨，但還是可以接受。今天多用點力氣，結果貼在錶面上的那一層膜掉了，錶面突然變得好新，而且好亮。

原來在新錶的錶面上，貼有一層透明的塑膠薄膜，是用來保護錶面的。因為時間久了，這層膜受損也變粗糙，相對貼不緊錶面了，一用力，這一層膜就掉了。

在我們這層厚厚的外殼——肉體裡面，不也是住著一位真人嗎？什麼時候，我們才要拆掉保護膜呢？什麼時候，我們才讓真人出頭呢？

微微的你　是吧

我沒有像師兄或師姊分享時，說他們看到自己的老靈魂長得什麼樣子，有的人說是一位老者，有的人說是一位小孩，我還沒有見到自己老靈魂的長相。

我對老靈魂的感覺，就只是一股微微的感受。

此刻，人在研究室望著偌大的天空，我感覺到自己的老靈魂，飛上了天空，老靈魂在天空中望著我，像是兩位久別重逢的吧。我們遙遙相對，用心對話，不用言語，心靈相通，人子滿足！

閉上眼，感覺當下這份感動，老靈魂是你，對嗎？
我感覺到了，你來了。

你在天空中望著我，也一直住在我心中；我看不到你的長相，但可以感覺到你。

親愛的老靈魂，你好嗎？我好想你！也好愛你！

◎伙伴回應

徐稚傑 to 政學師兄

好像進入大愛光之後，就再也沒戴過手錶了，經師兄一提起──真的不需要用時間來提醒自己做什麼事，而非常自在、自主、自由，不是嗎？

最近非常期待看到師兄每日分享，很感動！很讚嘆！很感恩！──有那麼精緻、啟發人心的自我修煉法布施。
您的家人、學生、同修都很福氣唷！

> 筆落 2011 年 12 月 14 日 11:42:16。

來晚了　就沒有了

楔子：立如松

清晨五點連線晨煉時，小兒子都是在睡夢中。那個畫面是，電腦螢幕開著，透著微微的亮光，一個中年男人立在那邊，旁邊睡著一個小男生，大愛光老師的聲音就由電腦裡面跑了出來，一道穿越時空、遠渡重洋而來的熟悉聲音。

我在立如松，小兒子睡他的覺，有時會突然醒過來，講兩句夢話再倒下去。心想：這孩子會不會在睡夢中聞法？還是就這樣睡著立如松？大愛光老師的聲音很柔和，孩子睡得很安穩，我呢？一個做父親的，很滿足！

晨煉——上下關鍵

連線晨煉是我一天的開始，是自己慧命成長的進度，是往前又推了一天的進度。

我們平常工作一段時間後，會想要休假讓身體有時間休息，也是讓靈魂可以跟上平日生活的步伐，否則身體一直忙於工作，靈魂會跟不上，心會出現疲憊的現象。

但是有沒有想過？我們的慧命有推進度嗎？有往前進嗎？我們的身體與靈魂隨著時間的流逝而一直往前，但是靈性要怎樣才能跟上呢？

我明白了：開始跟上的腳步，就是每天固定連線晨煉，而且明白為什麼要這樣煉，有帶著願心在煉，如此慧命天天有成長，靈性天天有進度。

大愛光老師說：來晚了，就沒來了；來晚了，就錯過了。晨煉爬不起來，就來晚了，法就沒接上了，這一天的生命又耗掉了，慧命又少一天的成長。

我對自己的期許，就是每天都跟上晨煉，讓生命由清晨五點就開始，讓慧命每天都有所成長。

大愛光老師說：如果晨煉時起來還是很掙扎，代表人走在鋼索上；如果晨煉時間到很快就起來，代表人上到了平台；如果晨煉時完全起不來，代表人還在底下，底下是個萬丈深淵啊！

晨煉——覺醒指標

以前在上課時，我跟學生說：你們每天起來上學的速度，代表你們以後成功的速度。

這句話可以再稍為延伸為：我們每天起來晨煉的速度，代表我們生命覺醒的速度。一個覺醒的生命，每天起來晨煉是自然的事，不會有起不來的困擾。

我現在的生活，不管前一天多晚才睡覺，都是用晨煉來開始這一天。如此，這一天都會沐浴在光中，用光的速度在人事境中轉動，比起以前的生活來得充實有效率。

重點是慧命每過一天就成長一點，每一天都會感覺自己不一樣了。

如果我們連固定晨煉都還不可以，那麼我們就無法護持別人，更空談要讓別人如何改變。

推動不了其他生命，只因為我們連自己都拿自己沒有辦法，我們還是一個用慣性在修煉的生命。

這是今早晨煉後，寫下的心情，跟有緣的你分享。讓我們一起用晨煉，來開始我們每一天的生活，讓光充滿整個生命。我們一起加油！大愛光祝福你！

筆落 2011 年 12 月 15 日 08:36:39。

只要願意

楔子：爸爸……

小兒子看我一有空就開著電腦寫東西，好奇地問我：爸爸！您每天花這麼多時間寫文章，有人在看嗎？您一直寫一直寫，會不會有一天寫光了，突然沒有東西好寫了？

我笑著回說：有人在看啊，而且會越來越多人！但這不是重點，重點是這件事情應該且值得做，所以我就一直寫下去。

只要寫下的文字，對看的人有幫助，爸爸就會一直寫。還有你放心，不會寫光、不會沒東西寫，爸爸從來不擔心這個問題。

妙哉　寫光

妙哉！寫光，寫大愛光，大愛光用不完，也寫不光的！

在這個地球上，好多東西都會用到底、用到沒有；人其實也會走到底、走到不想走。我曾經走到那種地步，絕望到想放棄自己，後來了悟這一切都是護持，都在推我的進度。

生命就這樣——遇見了光，破了自己的底；往下沉，破了自己的殼；再往內看，看見在絕望中的那一道曙光。

原來我們是用「到底」這個境，來修煉我們的「願意」，其實不是我們到底了，也不是我們走不下去了，是自己先不願意了。

不是到底，是我們不願意啊！只要我們還願意，就永遠不會到底。

我告訴自己：只要還願意寫，就不會到底，就不會寫到沒有東西好寫。分享也是一樣，只要願意分享，就不會到底，不會沒有東西可以分享。

分享真義

分享是一種付出，更是一種真正的得到；要先願意付出，才會真正得到。這是捨與得的法則──原來，「捨」在「得」之前！

要想真正得到，要先願意付出；要想真正擁有，要先可以失去；真正的得到，是在付出了之後；真正的擁有，是在失去了以後。

生命對這一切的了解，在我不斷寫、不斷分享的過程中，體悟得更加深刻，所以我毫不保留地寫，用身上全部的可以來做這件事。

全力以赴　不留缺憾

人生之所以有缺憾，就因為沒有全力以赴，我們就在不斷地錯過中，一次又一次地留下缺憾。最後帶走的，是一個不滿意的自己。

此時，這一生的結語，就是「銘謝惠顧」——這一次沒中，又錯過了，再等下一次吧！

感謝你的到來，願意聽我的分享，願意看我的文字；我明白是你在護持我，而不是我在付出什麼。你沒有來晚，我沒有來早，在這時間的洪流裡，我們早晚會碰上的。

祝福你有個願意且感動的一天！大愛光祝福你！

➢　　筆落 2011 年 12 月 16 日 09:16:26。

你願意讓我做大愛手嗎

楔子：鏡（境）來了

連著兩個晚上，都有功課來成全，似乎在驗收我這一個月來，快馬加鞭、兼程趕路的修煉成績，一切都還只是開始。看著那一張張曾經熟識的臉孔，就在那帶有光火的對話裡，想起傳導師日前教我的一段指引。

傳導師說：「進入中軸說話，就會善待所有人；用中軸聽話，就不會起伏。人世間什麼聲音都有，稱之為花花世界。」

第一晚　跪下

前晚情況較為緩和，自己不會想多解釋，就只是聽對方說，偶爾內心浮現絲絲哀傷，只想好好過關化卡，不想再用過去的方式，把這道門關上──我不想再關門了。

我跟對方說：我可以幫你做大愛手嗎？你願意讓我做大愛手嗎？對方看著我，回說：好！
我請對方坐下，而我就跪在他身後幫他做大愛手。

結束後他說整個左半邊都麻掉了，而我則是下跪的兩條腿全麻掉。第一時間站不起來，我是用手硬撐著身子，用爬的方式起來的。

生命的訊息看懂了，彼此之間還有好深的怨，這一股深埋在心底的怨，經由大愛手示現出來。我只想送光給對方，幫對方做大愛手，將靈性之愛送給對方，在光中祝福這個生命。

第二晚　死牆上　找活栓

昨晚場面變得慘烈，互動拉扯的生命更多了，就在這恩怨情仇的關係裡，看到前晚示現的怨氣大爆發，看到這一場同台共戲的戲碼正在上演著，等著我去面對與收拾。

我看到自己還是有情緒，說話的語調還是有起伏，就在這一片混亂拉扯過程中，我試著回到自己的中軸，用中軸聽、用中軸說，慢慢把整個場子控制了下來，至少大家可以平靜下來說話，各自表述心中的感受。

我呢？像一個抽離現場的人，也像一個置身現場的人，一虛一實交互輪替著。用眼睛注視著正在說著的生命，平靜聽著不同聲音在這四周的死牆間振盪，我好像在牆上搜尋一道塵封已久的活栓，想把這道死牆推開，想尋找一條活路出去，想帶當下的這些生命出關奔馳。

第三天　大愛光　我願意

結束對話後，開車回到卓蘭的家，準備睡覺時已凌晨兩點了。今天早上五點還是按時起來晨煉，這是我可以為自己做到的——好希望透過自己不斷地修與煉，而有能力化解這一切。

昨晚我只請求對方，日後讓我有更多的機會可以為他做大愛手，我想不斷地送光並祝福這個生命。
要讓人願意真的很難——要讓自己願意或許容易些，但要讓別人也願意是困難的。

望著落地窗外，難得露臉的冬陽曙光，為這有點寒意的清晨，增添些暖暖的祝福。我望著天空問自己：我要如何讓人願意呢？要如何讓人願意放下怨恨，願意攜手共進呢？

每天　我會聽話照做

我的材料不夠燒這一道菜，要好好聽話照做，按時晨煉立如松，讓自己有足夠的材料可以燒菜。另外，不管對方有多怨我，也要試著幫對方做大愛手，做到所有的怨可以一笑泯之。

想想：該來的，還是要來，何不笑臉迎之。

昨晚入睡前，浮現幾個字：「哈哈大笑，天下太平！」這兩個晚上，不就是在上演一部戲嗎？還分成上、下兩集，所有的人都在陪我演這部戲，所有的人不都是在護持我嗎？

當我看懂這一切時，好希望自己可以快點好，因為明白有好多生命需要我，有好多生命在等著我，我自己要更加把勁且大步向前才行。

在這有點清靈的早上，祝福你有美好的一天。
大愛光祝福你！

死牆上、找活栓，此為大愛光老師 2009 年 7 月 26 日一心向內班，台中東海慈場傳法，已編成經典列入「傳世經典光之珍藏～生命之門（2009年 11 月初版）」，這一段體悟脫胎自 p.99「第五章　死牆有生路」。
筆落 2011 年 12 月 17 日 08:20:12。

身段盡放　讓你願意

楔子：種樹的早上

整個早上在卓蘭農地上栽種樹苗，陽光曬得人有點熱，進屋裡休息並簡單煮些東西吃，打開電腦寫點東西，為這兩天的發生做點整理。

要讓人願意　真的很難

要讓人願意，真的很難——不管是讓別人願意，或是讓自己願意，都是一件不容易達成的任務。透過自己的修煉與了悟，或許我們慢慢願意了，這是我們身上的「做到」，但問題是，我們要如何讓別人也願意呢？這是一個更艱難的任務。

看看這個世界，當父母的人，期盼孩子好好讀書，孩子就是不願意；當老師的人，希望學生好好用功，學生就是不願意；當導師的人，希望伙伴好好修煉行願，伙伴就是不願意。所以，要讓人願意做事，要讓人願意跟隨，真的不容易啊！

身段＝願意

我時常在觀照這個問題，也反問過自己：我要如何讓人願意到慈場，學習大愛手與立如松，走大愛光道路呢？雖然心裡明白這些是護慧命、救人命的好事，但人家就是不願意，這是為什麼？

原來是「身段」啊！因為我們的身段還很高，所以人家還不願意啊！我們身段柔軟的程度，就是別人願意的程度。我

~ 250 ~

的身段越柔軟，別人就會越願意；做事如此，做人更是如此。這是我自己要再努力的功課，做到身段盡放，做到讓別人願意。放下身段就是放下自我，如此才能接住一切的生命，才能向每一個生命請益。

別人的不願意，讓我們看到自己的身段還是很高，我們跟人說話時還是很驕傲，是這樣嗎？還是自己沒有自覺？這是我自己還沒做好的部分。

行愿——驗身段

我明白了，原來，我們在行愿或服務時，看起來好像在為別人付出，其實透過別人的反應，別人的願意或不願意，可以用來檢證自己的身段如何？身段是不是還是太高？

你知道嗎？不是別人需要我們去行愿，也不是別人需要我們去服務，而是別人在給我們機會，是我們自己需要啊！我們需要透過行愿來放下自我的身段，我們需要經由服務來放下自我的驕傲。

放到圓滿

這一生，就在這不斷放下的過程中，我們慢慢找回自己。生命可以再進化，是這些生命在成全我們，你說是嗎？

這是今天栽種樹苗後，對自己生命所做的整理，好美的一天。大愛光祝福你！

筆落 2011 年 12 月 18 日 14:55:00。

星光燦爛　看到一切

楔子：卓蘭星空下

昨晚夜裡，卓蘭住家的天空掛滿星星；星星的微光，把整個夜空變得好明亮。望著滿天星星，明白：家，原來一直都在，是我自己不肯回家。

當我們心中放不下什麼時，我們就好像是在外頭流浪的孩子，有家但就是覺得無容身之處，有家但就是不肯回家。

家　是一種狀態

這個家未必是一個固定的地點，未必是一群生命的聚集。對我而言，家比較像是一種狀態，一種熟悉自在的狀態。在這個家裡，沒有怨恨苦痛，只有溫馨的對待，只有感謝的到來。

所以有時候，即便是一個人，也可以有家的感覺，不會有孤單的感受；家像是生命底層的記憶，有著好深因緣的共振，有種想珍惜與擁抱的了解。

在我現在的家裡，無論是如何的零碎，家人的心永遠是相繫的，我好希望家人可以平安，彼此生命可以攜手共進。看懂家人的護持恩情後，更明白自己向上提昇的責任。

什麼是責任呢？責任是一種有能力回應的能力。只有透過自己下功夫，好好地修煉行願，我們才有能力回應周遭生命的需要，否則也只是愛莫能助而已。

生活裡看到的一切，都是自己的問題，也都是自己的責任。在人際互動裡，我們愛的人及愛我們的人，我們怨的人及怨我們的人，那些有緣跟我們相遇的生命，都是我們過去生裡的家人，都跟我們有好深的因緣。

如果能有如此的認知，就能慢慢放下怨恨苦痛，進而懂得珍惜圓滿。

我愛地球　永續經營

在這綿密的光網裡，我就是別人，別人就是我。把自己弄好了，別人也就好了，整個光網裡的生命也都好了。再把這個狀態擴大出去，整個地球就能慢慢進化，可以永續存在下去了。

寫到這裡，發現自己這一生的到來，有著好大的責任，不是來這裡逛逛就走，也不是只想好好離去就算了。自己的來，是來讓生命可以翻身的，是來讓地球可以更好的。

這一切的開始，就由自我療癒開始，再來就是讓本性覺醒，進而帶著本願本心，在目前的工作上盡心盡力，也就是好好行天命，護持這個地球可以更進化。

這是今天早上的一些分享，準備上課去了，願你有美好的一天。大愛光祝福你！

筆落 2011 年 12 月 19 日 10:03:45。

我們一起回家

楔子：今晚好美

今晚好美！政學此刻內心好感恩，真的！

在我生命中三個重要的朋友，三個牽纏拉扯的生命，終於有機會把彼此的死結打開。

看在我自己的眼裡，有著無限的感恩，感恩大愛光的慈悲引領。

靈子攜手──三位一體回故鄉

這幾天對我而言，開始是對話裡的火光，接著是冬陽遍灑的曙光，再來是夜裡星辰的燦光，最後化成眼眶裡的淚光，映照著內心感恩的靈光。

是啊！一切都是大愛光散發的亮光，化成一盞又一盞引領在外靈子回家的燈光。

晚上利用跟孩子吃飯的時間，邀請孩子的媽到新竹慈場參加週四傳光人班會。

我帶著這幾天分享「願意」這主題的了解，平靜地為她解說著，希望她能給我，也給她自己一個機會，進週四班會學習大愛手。至於，後續相關細節，我會再請傳導師代為協助，而我也會全力護持。

最後，她回我說：好！我願意！我後天會去新竹慈場。當下的我，好開心，多年來的這個死結，終於有機會打開，可以見光化解。

接著，我在電腦網路上，邀請另一位重要朋友，到台北慈場進週四傳光人班會，對方也很快答應了。真好！這個生命很願意，願意我所做的一切安排。

最後，我再打一通電話，邀請另一位重要朋友，到東海慈場進週四傳光人班會，交通是對方目前最大的困擾，總會找到解決方法的，對方也答應我的邀請，願意接受這突如其來的安排。

師云：一起帶進大愛光吧！

真是好感謝，更感恩這三個生命的成全，讓彼此的生命有共同願力，可以一起走大愛光道路。

其中，有位朋友開玩笑說：你把我們都丟給大愛光了？
我笑著回說：不是啦！我們是一起回家，一起回大愛光的家。

從此，生命不再停滯，歲月不再虛度，老靈魂有機會轉軌翻身。我好願意，願意用我所有的可以，看著並陪伴這些生命走進大愛光道路。

誠如大愛光老師曾指引政學：要想辦法把這些生命一起帶進大愛光！一切的問題自然不是問題了！

今晚終於跨出第一步，好感恩這些生命的成全。
政學會加油！好好陪伴這些生命，一起走在大愛光道路上。
感謝你的到來，願意聽我分享此刻的心情。
大愛光祝福你！

➤　筆落 2011 年 12 月 19 日 20:10:43。

我們是被推派出來的

楔子：心微微動

剛結束早上兩堂課的講授，回到研究室打開電腦收信，收到一些朋友的心情與祝福，細細品味內在情緒的微微波動。

今早晨煉恭聽大愛光老師心法時，當聽到我們是被其他生命推派出來的，是要來學習把光帶給光網中的每一個生命時，自己被這段話感動了，淚水馬上流了下來。

生命就是這樣，永遠不知道什麼時候會被觸動，而當心被觸動的那一刻，就是了。

短暫良好　無法轉軌

老靈魂在過去生中，對身體層與靈魂層的學習已經夠用了，就差那麼一點點──就差靈性層的部分。在我來和氣大愛之前，已經開始對所謂新時代課程的學習，感到沒有興趣了。

因為學得再多都一樣，只是在相同的軌道，尋找短暫良好的感覺，但生命就是沒有主軸，就是上不去，還無法轉軌向上。

當大愛光領著我找到大愛光老師時，就在跟老師相認的那一刻，就是了。當下老靈魂想要進入靈性層修煉，想要接續過主經歷與學習的一切，透過修煉而將其結晶提煉出來。

這是老靈魂的求道之心，也是老靈魂的慶生之心。

回到中軸　來清去淨

今早晨煉時，大愛光老師指引為何要由靈光團開始切入來修煉？因為情緒體是第五層體，而靈光團剛好是第五個點，因此由靈光團開始修煉，就是學習如何掌控情緒中樞，將自己往第七層的靈性層推進。

我懂了！當自己在修煉中軸成形時，就是將心念收束入中軸，中軸慢慢成形後，就可以掌控情緒，學習進入中軸説話，如此説出去的話，就會善待所有人。

不會將話語當成刀劍，一天到晚舞刀弄劍，傷人於無形之間，傷人於千里之外。

相對的，中軸成形後，就能夠用中軸聽話，如此情緒就不會起伏，這個花花世界的任何聲音，就都可以聽受進來，不會被這些聲音，弄得情緒失控，失去生命主軸。

大愛光老師的聲音，是最容易聽進來的聲音；那些還在跟自己扯與卡的生命，他們的聲音是最難聽進來的。要能修煉中軸成形，學習掌控情緒，就是做到大愛光老師對弟子的指引：來清去淨，道情相應。

我平常晨煉時，就只是專心恭聽，沒有事先錄音或當場寫筆記，而是等晨煉結束後，再整理心得寫成文章。我的分享就只是記得什麼就寫什麼，感受到什麼就寫什麼。

所以，有時候會聽錯些字，也不知道有沒有把大愛光老師心法給誤解，還好我有傳導師會把關，如果有不如法的地方，傳導師會糾正並修改。

這是今早晨煉後，自己對大愛光老師心法的了解，祝福你有美好的一天！大愛光祝福你！

晨煉指引法源：2011 年 6 月 12 日一心向內班 大愛光老師指引「靈性生命結晶體」，此次班會經典已編成，近期內將出版。

一心向內《靈性生命結晶體》第八章 層層掛軸法～第四節 中軸攝受情緒法。

想要控制情緒中樞，就要從靈光團入手，讓情緒體和中軸掛在一起。所以，我們現在修中軸，讓中軸成形之後，再把一層層的體和中軸連接在一起，掛在一起，中軸就有作用了。

筆落 2011 年 12 月 20 日 11:31:58。

力竭嘶吼

楔子：是什麼！

是什麼樣的經歷，讓一個這樣的老靈魂沉睡不起。
是什麼樣的發生，讓一個這樣的老靈魂鋌而走險。
是什麼樣的絕望，讓一個這樣的老靈魂失去喜樂。

嘶吼！出頭！

昨晚在新竹慈場跟著光團煉和氣，對我是一個特別的經驗，第一次由我身體裡面，突然一長聲嘶吼，直到聲音力竭為止。這一長聲的嘶吼，劃破內心凍結的時空，老靈魂想清醒過日子，想上路好好走，想開光見真性。

這是一次內在能量的大爆發，累世積壓的情緒體被打開，隨著一次次的聲嘶力竭，將身上一層層的厚殼退去，老靈魂想出頭啊！

昨晚開始煉和氣時，光團導師在旁護持著煉，後來能量上來後，我的雙手不斷地亂揮，好像雙手跟兩腳一樣，有各自的軌道分別運行，後來有些師兄姊進來一起護持。

可以感覺好多師兄姊都被我打到，由於眼睛閉著也不知道打到誰，共修結束後，起身跟在場的師兄姊致歉，同時感恩他們對我煉和氣時的寬容與護持。

鋌而走險的靈子

過程中傳導師帶領我現原形，也陪伴我一起打開通道，希望將裡面阻塞的能量，在光中得以化解。相信昨晚的傳導師秀華師姊，絕對是有被我累到，心裡無限感恩。

在我耳邊依稀留著那一句提問：「政學！你知道自己煉和氣時，都把自己帶到危險的地方嗎？為什麼要鋌而走險？為什麼？」

傳導師一直問我為什麼？我就是沒有回答。
這中間看到自己還在做的功課，也明白自己修煉上還不足的地方。

回到家打開電腦，有不少信件等著我處理，原來不只在大愛光修煉路上，許多生命在幫我推進度。在我任教師的專職外，基金會與協進會的公益職務上，同樣有好多生命在幫我推進度。這些生命有的是需要經費贊助，有的是教師課程培訓需求，有的是學術研討籌辦需求，都在推我進度，停不下來。

感覺最近一下子有好多事情，不同面向的事情，全在這個時點上進來了，一件件等著去推動與執行，不做不行啊！面對這一切的一切，就只是前進；相信只要前進，就會到。

一早來到學校研究室，用文字寫下此刻的心情跟你分享。祝福你這一整天光足心開體安泰！大愛光祝福你！

筆落 2011 年 12 月 21 日 09:31:14。

維持好狀態

楔子：我想……

昨天下午到新北市一所大學演講，主題是企業倫理的推動與教學，這幾年看到這個大環境的需要，也看到企業對這個社會的影響越是舉足輕重，所以一直想要推動企業倫理教育，想讓企業體的本質可以有所改變，如此對這個社會將有更大正向提昇的力量。

另外，也看到學校企業倫理教育的重要，不論是學校裡的老師或學生，都需要有一個核心的倫理價值，來做為其遇到倫理兩難時的解困能力。

誠如今天晨煉時大愛光老師的指引，談到自身的經歷，明白由自己身體的訊息解讀到，不能只想到自己修煉，想到如何帶領同修修煉，更要看到這個大環境的需要，包括一切生命對光的渴求。

老師的狀態＝學生的狀態

昨天在跟與會聽講的老師交流時，分享自己教學的一些心得，其中我談到一句話，就是：老師的狀態等於學生的狀態，所以老師不能被學生帶走，老師要反過來帶領學生，要用一個最好的狀態，一個熱情的狀態，去面對台下的學生，如此站在講台上，說出來的話就會有力量。

在學校當老師這幾年，自己也一直因著不同學生的到來而

長，除了慢慢學習接受學生的不同樣子，進而想辦法影響學生的態度外，更是在學生的錯誤上，一次次看到自己的責任。

學生犯錯，老師有責任啊！
同理，孩子犯錯，父母有責任。
所以，在修煉的路上，同修犯錯，導師也有責任！

修煉行願　兩足並行

就因為別人犯錯，讓我們有機會看到自己的責任，是這些生命在推我們成長，推我們的進度，不是嗎？我們這一生東修西煉，不就是為了讓自己有能力行願嗎？

所以光想修煉，而不去行願，最終也不過是把自己弄好而已，我們對其他生命還是沒有太多影響。

相對的，如果只想行願，但不想修煉，那麼我們能為其他生命做的，就很有限。因為我們沒有太多能力足以行願，所以行願這件事，是需要好好修煉的。來到和氣大愛，要能將修煉與行願合而為一，這樣的光團凝聚才是完整的。

這是今天晨煉時由老師指引中，自己感受到的一些心得，跟各位伙伴分享。祝福你有美好的一天！大愛光祝福你！

筆落 2011 年 12 月 22 日 08:29:59。

棍子侍候

楔子：生日前的等候

談個昨晚的發生吧！

昨天是小兒子的生日（今年是國一學生），早上送他到學校時，下車前再次叮嚀他下課後直接回家，或是跟爸爸或媽媽打手機，我們會去接你，不用自己走那麼遠的路回家。

結果放學時間過了，孩子媽媽打他手機不接，去學校接他也找不到人，急著問我怎麼辦？我說：「別擔心！晚一點他自己會回來。」因為這已經不是第一次，我明白這孩子怎麼了？

你放心去上課

時間分秒過後，晚上六點半了，人還沒回來，我跟孩子媽媽約好一起去新竹慈場週四班會，先帶她去體驗大愛手。她不放心，不想去上課。我說：「陪妳一起去慈場後，我先離開去買點火鍋料回家煮，順便買個蛋糕給孩子慶生，之後我會煮好東西等孩子回來，妳安心去慈場上課。」

我明白這是一個轉換她生命的好機會，無論如何都要把她帶到慈場去，這是我應該做的，也是能做得到的。到了慈場後，把她交給傳導師秀華師姊，點了一下頭，人就先離開了，一切盡在不言中。

祝福你過關

就在我忙著煮火鍋時，心裡一直明白：這孩子是在幫我推道

度，這也是我自己要做的功課，我要帶著感謝與祝福，請這個孩子過關，如此我就能過關了。

我把手放在靈心處，祝福這個孩子，請他過關！

坦白說，昨天白天出現好多功課，不只是這個孩子，其他部分先不提，以後有機會再說，看見好多生命在幫我推進度，我現在也都逐一用祝福的方式請他們過關。

我在等你變

但我心裡同時也在想：這不是第一次了！常常是這樣啊！每一次孩子回來，我都是把他當成是我的功課，我好言相勸，沒什麼脾氣，但是一點用都沒有！我還要這樣下去嗎？

是要感謝這孩子沒錯，是要請他過關沒錯，是我自己的功課沒錯，但我過了關，這個孩子呢？他完全沒有變，我過了關，那他呢？

我打壽星

這晚這孩子十點半才回到家，我不同於往常的好言相勸，但也不是大發脾氣，我用棍子伺候了。這孩子被我打了，壽星在生日當天被爸爸打。

終於說出整個晚上去哪裡？其實是放學後不回家都去哪？他跟一個國中畢業沒繼續升學的朋友——以前在公車認識的人，到網咖打電動玩到晚上十點半才回家。

動手打了孩子，這幾下棒喝下去，這個出手我完全明白在什麼，不同以往只是在發洩我的情緒，我真的在關心這孩

子，明白這種晚歸情況不能再下去了。外面幫派已經在吸收他了，每次都騙我是去同學家，問也問不出個所以然，只好用棍子伺候，請他過關了。

我在等你清醒

我一直都知道這孩子在騙我，我在等他什麼時候會清醒，每次回來時身上就是冷氣房的煙味，不是去網咖會去哪？老是騙我去同學家？我也不戳破。

昨晚打孩子，我也會想，自己修養是否太差？大愛光老師常說要感謝帶功課給我們的生命，但是沒叫我們要視而不見，沒叫我們要裝聾作啞，只說感謝好聽的話，不是嗎？

我很平靜

老是想當爛好人，總是說些客套話，不覺得自己好假嗎？他是我的孩子，不是陌生人，我還跟他客氣什麼？所以，我重手打孩子時，我很嚴厲，但心是平靜的；我不是只想過我的關，我是不想讓孩子為我付出慘痛代價。

事後還是幫他過生日，孩子很能接受這個結果，問他被打的感覺如何，就在他說出三個生日願望的話裡，我明白這個孩子看見他自己怎麼了？他也能體會到父母對他是真的關心，答應以後放學後會直接回家。

我是一位老師，常常被家長問一個問題：孩子能不能打？一個父親的角度來看，我的標準是：「有沒有用」。如果打孩子沒有用，那幹麼打？如果打孩子有用，那幹麼不打？不

能不能打，而是有沒有用啊！

老師　我有扭曲您的教義嗎

在這個打的外相裡面，需要有智慧的善巧方法，而這背後其實是一個更大的慈悲心——我們真的關心這個生命，希望這個生命可以更好，不是只在乎自己的問題解決了沒有。

我把大愛光老師教的心法，用在孩子管教上面，我用了一根棍子，請孩子過關，不知道有沒有扭曲老師教的法義。

我心裡明白自己的阻塞清了，孩子也看見自己怎麼了，這是一個父子牽手過關的美好畫面。感謝你的到來，聽我分享這個發生，一段用棍子請孩子過關的父子情節。
大愛光祝福你！

折衿區　傳導師回應：

當您(讀者)看完整個過程，或許會有不同的想法。
大愛光老師引領靈子，過關化卡進入寧靜海域，貼近內在，進入中軸，這是成就真人之路；然，社會上有更多的大大小小的孩子，也在另一種海域中，也將進入一個個軸中，矗立了塵的軸，誘人的軸，上面鐫刻的字既迷離又引人，如何做，一起來！

也可以就師兄的方式做一個回應，集思廣益，來護持很一群近乎邊緣的孩子。

筆落 2011 年 12 月 23 日 08:51:31。

最後還有誰在

楔子：根

雖然用固定晨煉開啓一天，但在現實生活裡，還是有許多功課等著。當感覺自己的轉速有加快時，相對功課來得更快，流程跑得也快，有時會快到讓自己有點措手不及。

每當遇上人事境時，就會想起傳導師跟我說過：「功課再來，就是根未刨。」什麼是根呢？就是只要事件一來，對方的反應，讓我感覺——你怎麼改不了、講過多少遍了、算了吧！這就是根。昨晚孩子的狀況，就是根未刨啊！

問　再問　反問

傳導師要我繼續往內，再看看原料夠不夠燒這一頓菜。如果不夠，再去立如松。我一直沒忘記這段話，時常用它來檢討自己，是不是功課又來了。當然也不用如此設定生命格局，可以用一個抽高的高度，來看待遇到功課的當下。

我會問自己：我的心怎麼了？
會覺察自己：我在如何反應？
再反問自己：我該如何面對？

在學校時學生常跟我抱怨書不好唸，我都會笑著說：「如書好唸，那就不會有人書唸不好。」所以，讀書基本上，是一件輕鬆好玩的事情；相同的道理，修煉也不是一件輕好玩的事情，是需要持恆煉下去的。

寫靈脈論文

剛剛在整理自己靈脈上的功課，把情感路上過往主要的靈脈關係人，做一個搭配過去時間點的整理。再加上這些關係人此刻出現帶來的困擾為何，像是在整理族譜一樣，最後用一個字「唉」帶過去吧！

細節不談（族繁不及備載），把整理出來的東西交給傳導師，看看靈脈上這些關係人，是如何在成全我這個生命，我又可以為這些生命做些什麼？

回溯前半生，真是想不到，寫完博士論文拿到學位後，還有這一本靈脈論文要寫，而且還沒有現成資料可以使用，需要在不斷修煉、聞法與接法中，慢慢了悟一些東西。

接著，再由自己的實證來修正調整，所有的一切都算不準，也都料想不到，但慢慢修，總會修得到。

三個構面關係：事件、人、時間

我想大概也沒什麼人像我這樣，把過去的經歷與發生，用一個關係當主軸，再把相關事件、關係人與時間點等三個構面整個搭配來整理，試著找出在這關係裡，一個較有系統的脈絡。

脈絡的整理，可以用來明白自己的生命怎麼了？要如何才可以有能力為這個光網裡的生命做些什麼？如何為彼此的生命找到出口？

整理靈脈資料，同時也是對過往生命做整理——有些人一開始在，現在已不在了；有些人一開始不在，但現在還一直在。

最後還有誰在呢？這些還在的人，是因為彼此有著好深的因緣，彼此都是相約而來的生命，要能好好珍惜，感謝並祝福這些生命。

此刻，用文字寫下心情，跟你一起分享。願你有一個美好的週末假期！聖誕節快樂！大愛光祝福你！

➤　筆落 2011 年 12 月 23 日 12:41:41。

為自己想辦法

楔子：回溯過注

卓蘭的白天有陽光，在外頭整理農地好暖和；卓蘭的夜裡有冷風，在外頭散步走著有寒意。望著夜空發呆，這一生尋尋覓覓，成長課程上課又下課，成長團體加入又離開，一切為的是什麼？

如同每一個來到和氣大愛的生命，背後都有各自的理由，這些理由不盡相同，唯一共通的，就是生命想要成長。

是啊！我也希望生命可以成長，起初是為了讓自己的生命更進化，現在是希望有能力推動更多生命向上。這裡面有著血派的親人、靈脈的關係人，還有其他有情的生命。

以前的我，對生命成長的認為，就是靈魂的成長；現在的我，明白生命的成長，是指靈性的成長，也就是自身含光量的多寡。

明早預計四點多，由卓蘭開車回新竹慈場，進一心向內班會學習與成長，第一次進一心向內班會，七柱香的時間立如松，而且全程禁語。

知道自己的能耐為何？該堅持再站下去時，就跟身體打個商量，讓自己可以有更多的成長，可以有更深的了悟。

我在想怎麼跟

白天，人在種樹時，心裡想著一段話：大愛光老師的帶領是為我而設的，大愛光老師是引路人，引領著我往前走，而不是我盲目地跟著老師走。

這段話跟我以前的認知有點不同，試著找出相融之處。以前我的認知是：反正老師說什麼，跟就是了，把頭腦的思維放掉。因為老師是用「跟」的，不是用「想」的，只要一想，就跟不上了。

但這個認知，跟大愛光老師是「引」路人，老師的帶「領」是為我而設的，這兩者之間是衝突？還是相融？

大愛光老師是為我引路向前，而不要我盲目跟著老師走，意思是我要很清楚自己要往哪裡去，不是嗎？如果我不清楚要去哪，老師如何引路？另一層意思，是我要很清楚自己想成為什麼樣的人？如此老師才能為我量身訂作，不是嗎？

以前認為的跟，就是把這個問題丟給老師，反正老師決定就好了，老師怎麼說，我就怎麼跟，什麼都不用去想。

現在不同了，大愛光老師說不能盲目跟著，老師只是引路人，那我自己呢？我要往哪裡去？我想成為什麼樣的人？這些事情現在變得很重要，而且沒有人可以為我回答。

不能只跟　要出來擔

我目前的理解是，自己不能只是一味地「跟」，要想辦法出來「擔」，這個擔就是要為自己的生命想辦法，不能全部丟給大愛光老師。這一生我要承擔的第一個人，就是我自己，然後才是身旁更多的生命。

也唯有跨出一味地跟，我才會出來承擔，學習承擔自己，也才有能力承擔更多的生命。

所以，在自己緊跟大愛光老師步伐時，要能有勇氣承擔起自己，為自己的生命想辦法。如此，大愛光老師才能依我的需要下處方，才能引領我走上自己的道路。

這一切，就由跟開始，一路跟到底，而在這跟的過程中，透過大愛光老師的引路，就會走上自己專屬、為我而設的大愛光道路。

祝福今晚的你，有一個美好感動的聖誕平安夜！明天早上六點，相約在一心向內班會光中見。大愛光祝福你！

在 12 月 24 日山中獨白中，透露了渴望知道「跟」的真諦，在 12 月 25 日第一炷香就謎底揭曉了。

大愛光老師指引：大愛光之法就是如此地好用，因為已經接上光源頭了，所以可以用靈性下指令，只要對自己說：頭腦休息，身體放鬆。老師說什麼，你跟著說，自然就做到了。

跟著走，照著做，一定成。跟著走，照著做，一定成。那要沒接上光源，一切可沒有這麼簡單啦！

筆落 2011 年 12 月 24 日 21:36:54。

靈性成長的足跡

百篇足跡 **9**

參一心向內班

站（戰）到底

楔子：清晨四點半

昨天清晨 4：30，由卓蘭家裡開車回新竹慈場，參加一心向內班會。因為第一次參班，光團導師寄了參班須知給我，上頭說 5：45 在法門外等候，6：00 法門關就不能進去了。

清晨車子不多，我開著車在 5：35 就到慈場，進到慈場我就不說話了，看到傳導師時點個頭，意思是說：政學報到了！

進去法門後，依相關流程與吩付，一切聽話照做，參班前聽說七炷香難度高，我第一次參班不知能耐如何？反正就打定主意，七炷香從頭站到底，兩隻腳就立在那邊，完全不移動——這是我最後的結果，七炷香站到底。

坦白說，回溯整個過程，是一關關地在過，並不容易做到。

前三炷　凍麻冷

前面三炷香，我偶爾有些昏沈，大部分時間都清醒著，身體就一直在排寒氣，身體的寒氣集中到四肢，兩隻手感覺像凍傷一樣，兩條腿也是凍冷，加上又麻又痛，不過還是過了前三炷香的時間。之後，法門短暫開，我沒需要於是沒移動兩腳。

四五炷　清肺過腿關

第四炷香開始，在大愛光老師為整體同修清肺時，我咳了好

幾聲，之後人就好了。

第五炷香的過程，是我的腿最難受的時候，心裡就跟這雙腿打個商量，讓我今天可以過這炷香。最後，還是克服了身體的障礙，過了第五炷香。

六七炷　護持啊

後面兩炷香的時間，我的腿還是麻痛，但就是這樣了，不去管這雙腿，反正就是一路站到底。

在這中間，大愛光老師有指引光團導師功操，指引導師如何護持同修之法；坦白說，我被護持得好難受，好想跟這位導師說：「不要護持好嗎？您的護持讓我更不舒服。」

我沒說出口，明白導師都是一片好意才來護持。

麻痛　排毒

因為身體的不舒服，我開始用鞠躬來對治這個不舒服，但我的雙腳全程沒移動，其實我大腿以上的部分還好，就是兩條腿麻痛凍冷。心裡一直發訊號：我需要被護持的是這雙腿啊！

果然過了一會，來護持的導師就開始護持這個部位，雖然麻痛依然，但有所減緩。我明白這是身體在排毒素，看來體內積了不少，需要一次次地立如松來往下排毒。

開罐器的護持

之後大愛光老師指引光團導師操作「開罐器」之法，第一位來護持的光團導師，我幾乎是完全沒有反應，而我也老實跟這位導師說：我沒有什麼反應。

後來，就在第七炷香快圓滿時，大愛光老師說今天我們晚個十五分鐘，之後有另一位光團導師過來，跟我說：政學！我幫你操作一次，好嗎？我回說：好！

進入　飛昇　光束降

光團導師的手貼上前後心沒多久，我就有溫熱通貫的感覺，雙方確認後，第一階段，我感覺自己一直沿著蜿蜒小徑往內前進，感覺走了好長的一段路，最後來到一個清淨地，之後就定在那個地方，好寧靜的地方。

再來，第二階段，才不過幾秒的時間，我感覺自己一路沿中軸向上飛昇，而且越往上飛昇，上面越明亮，光束由上一直下來，最後執禮師兄報第七炷香圓滿，導師只好收功了。

不過這種感覺，在短短的幾秒內，就完全感受到這份感應。關於這部分的感應，就在班會結束後，光團導師立即跟我進行雙方的確認。

冰棒對折　冰涼透心

另外，七炷香圓滿謝恩時，當執禮師兄，一喊「跪！」我那已經麻痛且僵硬的兩條腿，像是兩枝冰棒對折一樣，「卡」一聲，真是有夠刺激！還好這兩天種樹，一雙腳爬上爬下，關節一切完好。

不知道下一個一心向內班會時，是不是可以有個緩衝的時間，讓身體稍為活動一下，否則像我這樣的新同修，本來就沒有什麼根基，加上一站上去就打算不移動的人，站到最後

其實兩條腿都不是自己的了，這麼一跪，真是冬天吃冰棒「冰涼透心」啊！

以上是我第一次參一心向內班會的心得，用文字跟你分享，期待日後可以在一心向內班會裡重逢。大愛光祝福你！晚安！

光團導師程淑娟回應

親愛的秀華師姊＆政學師兄：
昨天幫政學師兄做「開罐器」，真是一趟很奇妙的旅程，而且完全對應上政學師兄的生命歷程，在此與你分享。

一心向內班結班前約 30 分鐘，大愛光老師帶著所有的導師做「開罐器」這個功法，雖然我以前曾經做過一次，但是沒有太特殊的感覺，印象中，覺得很舒服，很寧靜。這一次幫政學師兄操作此功法，就非常地不同，感覺就像是走過一趟生命旅程一般。

搞什麼鬼

以下是幫政學師兄做得過程：手一放到政學師兄得前後心約 3 分鐘，就感覺到中軸通貫，詢問他後，也得到確認。

接著轉為開罐器手法，覺得自己一直在挖隧道，過程中，有一段時間覺得有一股怒氣不由自主得出來，心裡一直冒出：楊政學！楊政學！你在搞什麼鬼啊！

裡外　好遠

挖了好久，終於到了一個想要定下來得地方，此時覺得內在

清淨地與外在這個肉殼子距離好遠，事後跟政學師兄確認，他說覺得自己走了好長好長彎彎曲曲的山間小路，這個手法持續約 10 分鐘。

最後手轉為向上時，不到幾秒鐘的時間，即感覺飛昇向上，非常殊勝！但因為已經要結班了，所以只好收功。

三段三體　一路飛昇

事後，我把這三個階段的感覺，對應政學師兄的生命歷程，完全吻合。

第一階段代表政學結婚前：受戒、與法相應。

第二階段代表結婚後到進和氣大愛：跑流程。

第三階段與師相認：快速飛昇。

➢ 共修中我說：「等導師手拿開時，我的能量會把身體震開，我的能量跟這個能量互抗，導師手一放開，就爆衝。」這一段分享，就是接上 2010 年 5 月 16 日第二次一心向內「鬆軟癱垮光明現」的法平台。

➢ 大愛光老師指引：一感到自己在防衛、在對抗、在緊張、在固執、在執著的時候，就用這個法。感到自己有攻擊性的時候，整個人的能量體都變形了，整個人變成一個火箭炮，隨時要射出去。

➢ 這是在「擦明鏡」的過程中，要先啟動靈心開罐器，此為今年大愛手療癒班會中，大愛光老師傳之法，這是光團導師護持法，在護持過程中，護持者與被護持者，雙雙進入狀態，對對登上平台。

➢ 傳導師來電說明一心向內意義，兩個腳印站在地上就不再動了，就是一心向內讓整個能量體重整、重塑、重建，整個過程依內在的程度與需求，會一步步走流程，只要動了，流程就要重新來過，這是大愛光老師在之前的「立如松」班會、「一心向內」班會中，時時提點的一心向內法要。

➢ 筆落 2011 年 12 月 26 日 23:18:13。

一炷擎天香

楔子：生命藍圖

今天晨煉時，大愛光老師指引同修要建立自己的生命藍圖。可以列出十二項需要轉換的生命特質，也就是在日後修煉行願上，一項項需要操練的清單，這就是每一位同修的生命藍圖。

我的十二項需要轉換的生命特質為何？透過這個機會，用文字記下這些特質，來跟真實的自己好好相遇。

十二高大不

第一是「身段高」，姿態還是太驕傲。
第二是「自以為是」，常帶著自己的認為。
第三是「固執」，容易堅持己見。
第四是「優柔寡斷」，不夠果斷決行。
第五是「拖延」，不到最後關頭不掉淚。
第六是「獨行俠」，不愛結伴同行。
第七是「不順服」，總是有自己的一套。
第八是「脾氣大」，容易情緒上來。
第九是「沒耐性」，個性急躁沒耐性。
第十是「不老實」，對自己與別人不夠老實。
第十一是「不承認」，不願承認自己的樣子。
第十二是「放不開」，還是在抓取東西。

你呢？要不要也條列出自己的生命藍圖，然後按照這份清單來一項項修煉行願，來一項項自我檢視做到哪了，依著這張個人專屬的生命藍圖來走。

大愛光老師說：我們的出生年、月、日、時，是我們宿命的四字，是我們與生具來的先天資源。而心願、藍圖、智慧、力量，是我們天命的四柱，一旦我們發了願，就會有力量，就是在脫離宿命軌道，而開始行天命。

我有方法了　就是立如松

參了一心向內班後，心中還是有些疑問，在線上問了傳導師，也得到確認。對治的方法，就是有空就立如松，有空就是一心向內。

一心向內的意義，就是兩個腳印站在地上就不再動了，就讓整個重整、重塑、重建過程，依內在的程度與需求，走流程，只要動了，流程就要重新來過。

大愛光老師曾指引，要在生活中隨時去覺察：一感到自己在防衛、在對抗、在緊張、在固執、在執著的時候，就去立如松；感到自己有攻擊性，整個人的能量體都變形了，變成一個火箭炮，隨時要射出去時，也是要去立如松。

我像火箭砲

老師指引的「火箭炮」狀態，就是我在一心向內班會時，裡面能量狀態——在導師護持我的時候，我出現爆衝現象，當

師的手放上我的前後心，我很不舒服，導師手一拿開，我整個人就有震開感覺，回想起來，我的能量體正如同火箭砲般。

生活裡只要發現自己不清明，就立刻去站，利用空堂時間，利用竹東的家，利用卓蘭的家就是立如松，就是一心向內。把自己想成是一炷擎天香，所謂一炷擎天香，立在天地間，上報四重恩，下濟三途苦。

昨晚持續到今早的左後腦上方頭痛，就在與傳導師對話，用上大愛光老師指引的法之後，頭痛的現象就在文字分享中消退了。

痛就是老靈魂想辦法，從裡面塞個信出來，信送到了，痛自然就不見了。

是啊！一炷擎天香，除此無他物。大愛光祝福你！

筆落 2011 年 12 月 27 日 13:21:52。

海盜頭子

楔子：入冬了

時序進入冬天，也就是所謂「冬藏」的階段，進入「同見同行」的階段，是「修煉與行願」的盤點，是「圓滿」的時刻，是「水」象運行，也是沉潛養「智」，生出智慧的階段。

我自己呢？智慧生出多少？生命還陷在什麼地方？什麼地方還在苦呢？

會苦，代表智慧還不足啊！遇到笑不出來的時候，在那裡就是智慧還不具足的地方，要快快修，要好好修——修到撥雲見光，修到開光開智，修到德慧兼具。

現實生活裡並不像慈場一般，有著好多課題等著磨練我們。其實這樣很好，不是一直待在溫室裡成長，這才是真正的成長，真正的定靜。

生命的本質是光，我就是光的聚成，這是以前沒有的概念。昨晚學員班會煉和氣時，老師指引同修柔踏光流，放慢步伐輕輕柔踏，我想像自己是一朵白雲，就飄在浩瀚的天空中，四周是一片光海。人很放鬆地煉，把內在頹廢的樣子、萎靡的能量，慢慢給煉了出來。

◎第一部　浪子　醉漢　海盜船

這就是我過去的生命狀態，一個想要自我放棄的老靈魂，不是每天泡在酒精裡，就是不斷地自我傷害；但周遭的一切

需要我振作，所以內在有股不得不振作的意志力，原來裡面是一個靈肉互博的戰場。

每次煉和氣顯真相時，不是浪子，就是醉漢，出來的全是頹廢能量，隨著一次次煉和氣，一次次放能量，一次次再振作。

想像這朵飄在光海的白雲，問自己：到底我想要成為什麼樣的人？想要過什麼樣的生活？還要頹廢、委靡多久？

現實生活中　滿船的盜

現實生活呢？我就是十足的海盜頭子，這艘海盜船上滿載著金銀珠寶，這是我的傳家寶。同時這艘船也住滿各式各樣的海盜，這些跟著的海盜很難搞，他們沒有哪裡想去，誰也不想離開，而我也沒想把誰弄掉，只好把這艘海盜船駛向大愛光海。

我這個當頭的先從良，其他人自然就跟著從良了，從此不做海盜，改行當起傳光人了。

◯第二部　我的寶藏　我的愛

在睡夢中，一心向內的傳世經典，就這樣一部部由天而降，我像是找到寶藏的孩子，開心地一本本唸著書名，好多書名都還沒有聽過，這是什麼樣的訊息？

看著夢中一部部由天而降的經典，不知道我這個海盜頭子，歷經大海飄泊，望盡人生滄桑，改行當傳光人之後，還要久的時間才有足夠的智慧，護持這些還沒有問世的經典出

土，讓這些只應天上有的傳世經典，可以千古流芳，再傳給後代的子子孫孫。

當我第一次讀到一心向內的經典時，我的心是被震動的。我想不到人世間竟然有如此珍寶，大愛光老師所傳之法，竟然可以令我如此感到震撼。

這一生，我也算是讀過不少的書，但從來沒有讀過令我如此折服的書，這種感動遠超過我讀完博士所看過的一切專業學科。

就是這部經典

對我而言，能夠參透一心向內的經典，是這一生最大的福份。相對而言，其他書可以不用看了，因為即便看得再多，也只是多些講課寫作的材料，多些接引眾生的緣分而已。

一心向內裡面的文字，所展現出來的法義只應天上有，人間再找不到這種書了。如今這些傳世經典，隨著大愛光老師的傳法，而慈悲垂降人世間，我這個弟子應該全力護持這些經典問世。

智慧就是看得見眾生的需要，德性呢？德性就是給得出眾生的需要。慧不足，就看不見；德不夠，就給不出！我自己呢？當看得見的同時，我給得出嗎？

經典鋪蓋　法音席捲

一早來到學校研究室，內心就有一股好深的感受，就在用功

字寫下這份感受的同時，淚水不自覺由眼眶中流了下來，這是老靈魂的心願啊！這心願就在睡夢中，自然顯現出來。

自己在智慧與德性上面，還需要好多的磨練來上路，待這一切具足之後，自然有能力護持一本本一心向內的傳世經典問世，衷心祝福這一部部一心向內的傳世經典，可以更快地跟世人如願相見。

讓這些經典文字散發出來的光量，可以鋪蓋並席捲整個地球，呼應明年「鋪蓋一心向內法慈場，席捲尋光問路老靈魂」的法流。

親愛的老靈魂，你聽到我這位海盜頭子的呼喚了嗎？什麼時候你也棄暗從良，改行當傳光人？什麼時候我們一起在大愛光海上望著日出日落呢？祝福你有美好且感動的一天。

大愛光祝福你！

◆ 筆落 2011 年 12 月 28 日 09:33:56。

當我們鬧在一起

楔子：無題

這兩天好多人事境拖著自己，連靜下來寫分享的機會都難。原來海盜頭子真不好當，船上一幫人鬧得好兇，花了好多時間聆聽與安撫。

明白：就是不能不當頭子，就是不能棄船潛逃，這些生命都是我的責任，也都是來幫我推進度的。

真假重逢　長嘆情緣

此刻，人回到研究室，想讓自己靜一下，用文字寫下感受，也為生命做點整理。早上晨煉恭聽大愛光老師指引時，有一句話我最為感動，就是老師在指引青年團同修時，問一位同修說：你怎麼把自己搞成這個樣子？

是啊！這句話也是說給政學聽的，問著自己：我怎麼把自己搞成這個樣子？

把這句話再向內探問，這個在說話的「我」，是誰啊？這個被說的「自己」，又是誰？

這個外在穿著戲袍的假我，終於有機會遇見內在脫下戲袍的真我，假人遇到了真人，除了一聲長嘆外，有著更深的重逢情緣。

看見「這個樣子」不是老靈魂想要的樣子，發現這一切都是自己搞出來的——這幫人的鬧，不同型式的鬧，鬧得很高明，鬧得有技巧，也都是配合劇情的需要，都是在陪我演這場戲而已。

是戲罷鑼鼓畢的時候了，假人退下台，換真人上台。

十二金釵　一旁伺候

你知道嗎？當我拿出勇氣，寫下並分享生命藍圖的十二項生命特質，十二項需要轉換的修煉功課時，這幫人會幫我一起檢證我有沒有做到？我還有沒有更大需要轉換的特質被我漏掉了？

這幫人真是盡責，把我的進度看得好緊，那我自己呢？在聽到這些聲音時，我的心又是如何反應呢？

我發現自己不像以前了，不會立刻還擊，不再馬上防衛，就試著用中軸聽，明白怎麼一回事，不對人事境下評斷。需要我回話時，才學習用中軸說。

在這個過程裡，就只是看著自己的心，還在意這些不同的聲音嗎？心量的空間到哪了？如果還會在意，代表自己心量還不夠大。

進到和氣大愛的時間，雖然還不到一年，但我時常記得：要用煉來印證修。所以，不論是大愛光老師所傳心法功操的煉，還是生活中人事境物的煉，都是來印證自己修到哪了？如果沒有這些煉，我無從印證修的水位。

海盜船上的這幫人，就是用「鬧在一起」幫我煉，加重劑量在幫我推進度，這些都是來護持我的生命。

當自己的生命能有如此看見時，在面對每一個「鬧」的當下，不再只是無奈的搖頭感嘆，心跟心會更加「在一起」，心中沒有怨恨，只有更多感謝。

祝福你有美好的一天！大愛光祝福你！

➢　筆落 2011 年 12 月 30 日 11:10:27。

心念落下化爲文字

楔子：菱園的雨　池塘的水

卓蘭菱園的清晨下起細雨，聽著雨滴落到池面的那一瞬聲音，由外到內一直進入。看著雨滴落在池面的一圈圈漣漪，由內到外一直擴大。這一外一內，也是無外無內啊！

當雨滴投身池中，雨滴化作池水，池水含容雨滴，雨滴與池水有何分別？兩者本質都是水，沒有分別，合而為一。一切無分別，「0」與「1」的力量融合，外與內也合為一體，這是老天的慈悲教誨，滋養眾生的無分別心。

池面上一圈圈的漣漪，如同心裡一個個的心念。一念生，一念滅，一切唯心造。當我們想得有多「是」，其他的就有多「不是」。是啊！把自己想得有多是，別人就有多不是——這還是想著自己啊！

我們都是用頭腦在「想」，還是慢慢會「看」了？如何用看來取代想？如何用心來看，不用頭腦來想？

心念落下　化爲文字

文字是一個不錯的橋樑，要會用文字把內在心念給寫下來，如此就可以慢慢清楚看見，而不再只是停留在想的階段。我們習慣用想的，不習慣用寫的，因為用想的比較有趣，用文字寫不好玩。

不愛寫，不想寫，慢慢地就不會看；看也看不清楚，也懶得看清楚──用想的就好了。

你喜歡用文字寫嗎？還是你都是用想的？以為想好就不用寫了，結果是心念不清不楚的。

當心念落下化為文字時，就已經脫離想的軌道，而進入看的軌道，可以開始學習看見，看見自己的起心動念。學習看見不就是「覺」，看見自己的起心動念不就是「悟」，所以將心念落為文字，是覺悟之道啊！真是有趣！

寫下　才是你的

在學校指導研究生寫論文時，常跟研究生說：要把心裡面的論文構想寫下來，因為寫下來的才是你的，而且在寫的過程中，思緒會越來越清楚，這是一個看見自己如何想的方法，同時觀照自己的起心動念，所以一定要把想法落成文字。

我來到和氣大愛也一樣，試著把每一天的修煉與體悟，用文字寫下來，即使不想寫的時候，也會帶著自己去做到。在這一路寫的過程中，重新整理心念，重新整理生命。

透過不斷地寫，學習去看見自己的心，看見這顆心又怎麼了原來又在想自己有多是，相對別人就有多不是。

接著把寫下來的文字分享出去，更是把光送出來，把自己當成是一座光塔。分享就是見光、曝光，就是跟光直接連接，

就是把光送出去給護持我的同修，這是一種我對護持同修的深深感謝，也是一種法佈施。

今天是 2011 年的最後一天，在新的一年即將到來之際，政學感謝大愛光老師，感謝傳導師，感謝光團導師，感謝所有同修，感謝這一年來的引領與護持。政學愛您們！

也感謝在這部落格上有緣的尋光客，感謝你的到來與護持。祝福大家新年樂！大愛光充滿！大愛光圓滿！

---

* 這一篇體悟可做為修煉方法之一，可供參考。
* 我的做法是：有體悟→寫體悟→成文字→抽高看文字→從文字檢視心念。
* 筆落 2011 年 12 月 31 日 07:56:27。

攜手相遇。二部曲

大愛光祝福你

國家圖書館出版品預行編目資料

就是為了跟你相遇／楊政學 著 -- 初版. --
新北市：集夢坊，2012.09
　　　　面；　　公分
ISBN 978-986-83913-7-6（平裝）
1. 心靈成長　2. 勵志文集

192.1　　　　　　　　　　　101014147

～理想的推手～

理想需要推廣，才能讓更多人共享。采舍國際有限
公司，為您的書籍鋪設最佳網絡，橫跨兩岸同步發
行華文書刊，志在普及知識，散布您的理念，讓
「好書」都成為「暢銷書」與「長銷書」。
歡迎有理想的出版社加入我們的行列！

采舍國際有限公司行銷總代理
angel@mail.book4u.com.tw

全國最專業圖書總經銷
台灣射向全球華文市場之箭

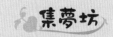

就是為了跟你相遇

我的大愛光靈性開啟道路 首部曲

出版者●華文自資出版平台·集夢坊

作者●楊政學

印行者●華文聯合出版平台

出版總監●歐綾纖

副總編輯●陳雅貞

責任編輯●張欣宇

郵撥帳號●50017206采舍國際有限公司（郵撥購買，請另付一成郵資）

台灣出版中心●新北市中和區中山路2段366巷10號10樓

電話●(02)2248-7896　　　　　　　傳真●(02)2248-7758

ISBN●978-986-83913-7-6

出版日期●2012年9月初版

全球華文國際市場總代理●采舍國際 www.silkbook.com

地址●新北市中和區中山路2段366巷10號3樓

電話●(02)8245-8786　　　　　　　傳真●(02)8245-8718

全系列書系永久陳列展示中心

新絲路書店●新北市中和區中山路2段366巷10號10樓　　　電話●(02)8245-9896

新絲路網路書店●www.silkbook.com

華文網網路書店●www.book4u.com.tw

本書由著作人自資出版，透過全球華文聯合出版平台（www.book4u.com.tw）印行，並委由采舍國際有限公司（www.silkbook.com）總經銷。採減碳印製流程並使用優質中性紙（Acid & Alkali Free）與環保油墨印刷。

歡迎上作者部落格（blog.yam.com/chyang0929）參觀。

本書出版淨所得之75%捐贈和氣大愛作為公益使用。